일러두기

미국을 비롯한 서양 베이킹에는 컵 계량을 사용합니다. 저도 미국식으로 베이킹을 배운 터라, 저울 사용보다는 컵 계량이 편하고 좋습니다. 이 책에 나오는 레시피도 전부 컵 계량을 기준으로 했는데요, 한국과 미국의 컵 계량 기준이 다르고(한국 1컵=200㎖, 미국 1컵=240㎖), 무게 계량에 익숙해서 컵 계량을 힘들어하는 분들이 많아, 자주 쓰는 단위를 무게 계량 방식으로 변환해보았습니다.

1컵=240㎖
밀가루
    중력분 – 140g
    박력분 – 130g
    강력분 – 160g
    통밀가루 – 150g
물, 우유 – 240㎖
설탕 – 200g
버터 – 227g

1큰술=15㎖

1작은술=5㎖

1스틱(stick)
버터 113g

1온스(ounce)=30g

1파운드(pound)=453g

* 이 책에 소개된 요리는 전체적으로 2인분을 기준으로 합니다.

밋밋한 식탁을 특별하게 만드는 건강한 레시피
엄마는 아메리칸 스타일

정윤정 (Sweet Home Bakery) 지음

웅진 리빙하우스

prologue

결혼을 하고 미국에 와서 이것저것 한국과는 다른 점이 많았어요. 커피 케이크를 먹으면 커피 맛이 느껴지지 않고 그들이 많이 먹는 빵은 돌처럼 딱딱하다고 생각했어요. 무엇보다 그리운 것은 어렸을 때 친정 엄마가 만들어 주던 찜빵. 오븐이 아닌 밥솥에 찐 투박한 모양이지만 그 따뜻한 맛은 아직도 잊을 수가 없고 우리 아이들에게도 그런 추억 한 조각을 안겨주고 싶어서 베이킹을 시작하게 되었습니다.

김치냉장고만 한 미국의 오븐을 보고 겁부터 덜컥 났지만 어느새 베이킹과 요리가 일상이 되었습니다. 아이들이 뱃속에 있을 때부터 요리를 즐겨해서 그런지 아이들도 장난감보다 부엌에서 빵 반죽과 밀대를 가지고 노는 것을 더 좋아하고 우리 막내는 커서 요리사가 되겠다고 노래를 합니다. 모든 엄마의 마음처럼 저 역시 직접 재료를 골라 홈메이드로 만든 빵과 쿠키, 요리를 먹으면서 우리 아이들이 무뚝뚝한 엄마의 사랑을 느끼고 추억을 만들었으면 해요.

무엇보다 요리를 하면서 즐거웠던 것은 시댁에 있는 패밀리 쿡북을 따라 한 것이었어요. 가족들이 하나씩 요리를 더해서 우리 가족만의 레시피로 만든 패밀리 쿡북에는 시어머니께서 남편에게 해주신 요리들도 가득 담겨 있어서 무엇보다 남편이 가장 좋아했어요. 그러면서 저도 미국 요리에 흥미를 가지게 되었고 그 레시피에 맞는 재료를 고르고 요리를 하는 재미를 알게 되었습니다.

지금은 네 아이들과 남편을 위해 요리와 베이킹을 하는 바쁜 아줌마이지만 항상 맛있게 먹고 행복해하는 모습을 보면 저까지도 행복이 옮겨지는 듯해요. 아이들이 어디를 가든 "엄마, 이거 사주세요"가 아니라 "엄마, 이거 집에 가서 만들어 주세요"라고 말할 때, 아이들이 학교를 마치고 집에 오는 시간에 맞춰 빵이나 과자를 굽고 있으면 맛있는 냄새가 난다며 웃음을 지을 때, 요리가 얼마나 행복한지 알 수 있습니다. 이 행복을 여러분에게 전하고 싶습니다. 항상 무엇을 먹을까 고민하고, 다른 집은 뭐해먹나 궁금해하는 우리 주부들을 위해 제가 가진 레시피와 행복을 알려드리고 싶다는 생각에 이 책을 만들게 되었어요. 겉만 그럴싸한 요리책이 아닌 진짜 맛이 보이는, 편안한 마음으로 따라 할 수 있는 요리책을 만들고 싶었습니다. 이 레시피들은 저희 가족들이 즐겨먹는 음식들이라 저희 식탁에 수저를 하나 더 놓는다는 마음으로 만들고 사진을 찍고 레시피를 골랐어요. 아이들과 함께 조물조물 만들어 맛있는 시간을 보내고 그 추억이 여러분과 아이들에게 한 조각의 행복으로 남아 있기를 바랍니다.

책 작업을 하는 동안 베이킹과 요리를 맛있게 드셔주고 며느리를 자랑해주신 시어머니. 지금은 건강이 안 좋으셔서 잘 기억하시지 못하지만 그 시간 또한 저에게는 무척 행복한 순간이었어요. 감사합니다.

- 2012년 겨울 버지니아에서 샘, 엠마, 크리스찬, 대니의 엄마이자
항상 멋있는 우리 남편의 아내 정윤정 -

Contents

일러두기 · 2
prologue · 4

Breakfast & Brunch
하루의 시작을 든든하게 만들어주는,
브랙퍼스트&브런치

스페셜 크레이프 · 12
굿모닝 샌드위치 · 14
연유 프렌치토스트 · 16
초코 와플 · 18
베이크드 에그 수플레 · 20
홈메이드 팬케이크 · 22
사워크림 스콘 · 24
아이리시 소다 브레드 · 26
버터밀크 와플 · 28
과일 샐러드 · 30
스크램블드에그 · 32
시금치 샐러드&포피시드 드레싱 · 34
그릭 샐러드 · 36
크로크마담 · 38
시나몬 롤 · 40
바나나 브레드 · 44
홈메이드 소시지 · 46

Lunch Recipe
건강한 오후를 위한, 런치 레시피

브로콜리니 런치 파스타 · 50
카레 파스타 · 52
두부 버거 · 54
치킨 샐러드 샌드위치 · 56
치즈 브로콜리 수프 · 58
베이컨 옥수수 파스타 · 60
연어 케이크 샌드위치 · 62
감자 샐러드 · 64
그릴드 치즈 샌드위치 · 66
치킨 퀘사디야 · 68
참치 토르티야 랩 · 70
새우 샐러드 샌드위치 · 72
케이준 치킨 샐러드 · 74
양념치킨 너겟 · 76
데빌드 에그 · 78
메이플 BLT 샌드위치 · 80

Refresh Recipe
지루한 시간을 깨우는 영양 간식, 리프레시 레시피

삶은 풋대두 · 84
후머스 · 85
커피 프라페 · 86
아포가토 · 87
5분 빵&피자 · 88
이탈리안 마늘빵 · 92
소프트 프레첼 · 94
펌퍼니클 브레드 · 98
허니 오트밀 브레드 · 102
블론디 · 104
오트밀 쿠키 · 106
엄지 쿠키 · 108
갈레트 쿠키 · 110
서양배 타르트 · 112
사워크림 애플파이 · 114
빅토리아 케이크 · 116

Dinner Recipe
온 가족이 함께 즐기는, 디너 레시피

알리오 올리오 · 120
쉬림프 스캠피 · 122
마리네이드 연어구이 · 124
페스토 치킨 · 126
포크 텐더로인 · 130
비프 스트로가노프 · 132
폭찹&브로콜리니 · 134
치킨 카시아토레 · 136
주키니 파르메산 · 138
니수아즈 샐러드 · 140
인도식 새우 카레&코코넛 처트니 · 142
팟 로스트 · 146
셰퍼드 파이 · 148
아이리시스튜 · 150
타코&타코라이스 · 152
연어 캐서롤 · 154
맥주빵 · 156

그린 가데스 라이스 · 158
매시드 포테이토 · 159
브뤼셀 스프라우트 · 160
차가운 파스타 샐러드 · 162
치킨 파히타 · 164
홈메이드 슬로피 조 · 166
머그 케이크 · 168
베이직 파운드케이크 · 169
당근 케이크 · 170
데이트 앤드 너트 케이크 · 172
호박 치즈 케이크 파이 · 174
피칸 파이 · 176

Holiday Recipe
특별한 날을 더욱 행복하게, 홀리데이 레시피

소시지, 달걀과 치즈 브리또 · 182
잉글리시 머핀 샌드위치 · 184
시금치 키슈 · 186
미트볼 스파게티 · 188
데리야키 버거 · 192
마카로니&치즈 · 196
스트로베리 롤케이크 · 198
판나코타 알 카라멜로 · 200
카프레제 샌드위치 · 202
토르티야 피자 · 204
피그 인 블랑켓 · 206
로스트비프 · 208
새우 도리아 · 210
세븐 레이어 쿠키 · 212
스노우볼 쿠키 · 214
슈톨렌 · 216
바람개비 쿠키 · 218
오트밀 초콜릿 칩 쿠키 · 220
슈거 쿠키 · 222

Birthday Recipe
사랑하는 아이의 날, 버스데이 레시피

블루베리 파운드케이크 · 226
바나나 스펀지케이크 · 228
브라우니 · 230
비스킷 도우 시나몬 롤 · 232
엔젤 비스킷 · 234
슈슈슈 · 236
레드 벨벳 케이크 · 238
애플 케이크 · 240
크림치즈 슈거 쿠키 · 242
퍼지 파이 · 244
고구마크림 롤 · 246

Picnic Recipe
즐거운 초록의 계절을 위한, 피크닉 레시피

에그 샐러드 샌드위치 · 252
참치 샌드위치 · 254
초콜릿 칩 쿠키 · 256
블랙 매직 컵케이크 · 258
초콜릿 마들렌 · 260
펌킨 바 · 262

Cooking Tip
요리할 때 꼭 알아야 할 쿠킹 팁

달걀을 완벽하게 삶는 방법 · 266
양상추를 오래 보관하는 방법 · 267
차가운 버터를 빨리 실온으로 만드는 방법 · 267
요리를 더 맛있게 만드는 레몬절임 · 268
남은 매시드 포테이토를 팬케이크로 활용하기 · 269
파이를 구울 때, 가장자리가 타지 않도록 은박지를 씌우는 방법 · 270
스테인리스 가전제품 청소하기 · 271

PART 1

하루의 시작을 든든하게 만들어주는,
브랙퍼스트&브런치

Breakfast & Brunch

—

브랙퍼스트&브런치

SPECIAL CREPE / GOOD MORNING SANDWICH / CONDENSE MILK FRENCH TOAST / CHOCO WAFFLE
BAKED EGG SOUFFLE / HOMEMADE PANCAKE / SOUR CREAM SCONE / IRISH SODA BREAD
BUTTERMILK WAFFLE / FRUITS SALAD / SCRAMBLED EGGS / SPINACH SALAD&POPPY SEED DRESSING
GREEK SALAD / CROQUE-MADAME / CINNAMON ROLL / BANANA BREAD / HOMEMADE SAUSAGE

프랑스어로 '얇은 팬케이크'를 의미하는 크레이프는
반죽을 종잇장같이 얇게 만든 단순한 음식이지만 왠지 고급스러운 느낌이에요.
보통은 디저트로 많이 즐기는 메뉴지만 과일이나 잼을 더해서
럭셔리한 아침 메뉴로 즐기기에도 좋답니다.

어느 특별한 아침을 위한
스페셜 크레이프
Special crepe

준비할 것

1컵 = 240㎖

- ☐ 달걀 2개
- ☐ 우유 ⅞컵
- ☐ 물 ½컵
- ☐ 중력분 1컵
- ☐ 녹인 버터 3큰술
- ☐ 설탕 2큰술
- ☐ 바닐라액 1작은술
- ☐ 소금 약간
- ☐ 좋아하는 과일 적당량
  (바나나, 사과 등)
- ☐ 누텔라, 잼 또는 생크림
  적당량

만드는 법

1. 준비한 모든 재료를 믹서기에 넣고 간다.
2. 밀폐용기에 넣어 냉장 보관한다 (이틀 동안 보관 가능).
3. 미리 예열한 코팅 팬에 반죽을 붓고, 팬을 돌려가면서 얇은 크레이프를 만든다.
4. 크레이프에 좋아하는 과일과 재료(잼 또는 생크림)를 넣는다.

* 크레이프 위에 누텔라를 바르고, 슬라이스한 바나나와 휘핑한 생크림을 곁들여보세요. 또는 사과 조림이나 딸기잼을 바르면 달콤한 맛이 일품이에요.

달콤한 팬케이크와 고소한 달걀, 짭조름한 햄과 치즈의 어울림이 좋은 샌드위치.
아이들에게도 인기 만점 메뉴인 데다, 미리 만들어놓고 바쁜 아침에 데워 먹으면
간편한 한 끼가 됩니다.

Breakfast&Brunch

팬케이크로 만드는
굿모닝 샌드위치
Good morning sandwich

준비할 것

- ☐ 팬케이크 4장
- ☐ 달걀 2개
- ☐ 치즈 2장
- ☐ 햄 2장

만드는 법

1. 시판용 팬케이크 믹스로 팬케이크를 만든다.
2. 올리브오일을 두른 팬에 달걀과 햄을 노릇하게 굽는다.
3. 팬케이크 사이에 달걀, 햄, 치즈를 올려서 샌드위치를 만든다.

* 한꺼번에 미리 만들어서 냉동실에 넣어두었다가 하나씩 꺼내서 데워 먹어도 좋아요.
* 팬케이크를 홈메이드로 건강하게 만들고 싶다면 22페이지 홈메이드 팬케이크를 활용하세요.

평범한 프렌치토스트에 연유를 한번 넣어보세요.
부드럽고 깊은 맛이 한층 업그레이드되어
향긋한 시나몬 향이 솔솔 나는 달콤한 프렌치토스트가 된답니다.

남은 연유로 만드는
연유 프렌치토스트
Condense milk french toast

준비할 것

□ 식빵(바게트) 슬라이스 약간
□ 연유 ½컵
□ 우유 ½컵
□ 달걀 3개
□ 시나몬 파우더 약간
□ 바닐라액 약간
□ 소금 약간
□ 버터 약간

만드는 법

1 빵을 제외한 재료를 모두 섞어 넙적한 그릇에 담는다.
2 1에 슬라이스한 빵을 살짝 담가 양면을 충분히 적신다.
3 버터를 녹인 팬에 노릇하게 굽는다.

* 취향에 따라 연유의 양을 조절해주세요.
* 우유 대신 물을 넣어도 됩니다.
* 시나몬 파우더는 기호에 따라 생략해도 됩니다.
* 슈거파우더를 뿌리거나 메이플 시럽이나 팬케이크 시럽을 부어 먹으면 달콤한 맛이 배가됩니다.

만드는 동안에는 달콤한 초콜릿 향에 마음이 설레고,
굽고 나면 바삭한 식감에 반하게 되는 초코 와플입니다.
아침으로도 좋고, 작게 구워서 아이스크림을 발라 먹어도
환상의 궁합을 자랑합니다.

Breakfast&Brunch

아이들이 더 좋아하는
초코 와플
Choco waffle

준비할 것

1컵 = 240㎖

- ☐ 중력분 1½컵
- ☐ 베이킹파우더 1½작은술
- ☐ 소금 ½작은술
- ☐ 버터 ½컵
- ☐ 초콜릿 칩 2온스
- ☐ 설탕 1컵
- ☐ 바닐라액 1작은술
- ☐ 달걀 2개
- ☐ 우유 ⅔컵

만드는 법

1. 중력분, 베이킹파우더, 소금은 한꺼번에 섞는다.
2. 잘게 자른 버터와 초콜릿 칩을 함께 넣고, 전자레인지에 1분 정도 돌린 다음, 설탕을 섞어 녹여준다.
3. 2에 바닐라액과 달걀 푼 것을 넣고 잘 저어준다.
4. 1을 반만 넣고 섞는다. 우유를 넣은 다음, 나머지 가루류를 넣고 섞는다.
5. 반죽을 예열한 와플기에 넣고 굽는다.

* 반죽을 와플기에 넣을 때 계량컵을 사용하면 같은 크기의 와플을 구울 수 있습니다.

미국의 레스토랑에서 인기 있는 아침 메뉴입니다.
시판용 냉장 도우를 사용하면 집에서도 쉽게 만들 수 있답니다.
기본 빵 반죽이나 비스킷 도우를 사용하고,
필링 재료도 좋아하는 것을 마음껏 넣어서 나만의 메뉴로 응용해보세요.

내 맘대로 만드는
베이크드 에그 수플레
Baked egg souffle

준비할 것

☐ 필즈베리 도우
   (또는 비스킷 도우) 1캔

기본 필링
☐ 버터 1큰술
☐ 달걀 4개
☐ 생크림 5큰술
☐ 갈릭파우더 ½작은술
☐ 소금, 후추 약간

☐ 갈아놓은 체다 치즈 ½컵
☐ 데쳐서 다져놓은 시금치 ½컵
☐ 다진 햄 ½컵
☐ 말린 타임 ½작은술
☐ 파르메산 치즈가루 2큰술

만드는 법

1. 볼에 기본 필링 재료인 달걀, 생크림, 갈릭파우더, 소금, 후추를 넣고 포크로 섞는다.
2. 예열한 프라이팬에 버터를 녹인 다음, 1을 넣고 살짝 설익은 느낌으로 스크램블드에그를 만든다.
3. 완성된 스크램블드에그에 채소와 햄, 치즈를 넣고 섞는다.
4. 냉장 도우를 4등분한다. 버터를 살짝 펴 바른 개인용 접시나 큰 머핀 팬에 도우를 펴고 스크램블드에그를 나누어 담는다.
5. 반죽을 오므린 다음, 반죽 위에 파르메산 치즈를 뿌린다.
6. 200℃로 예열한 오븐에 15~20분 정도 굽는다.

* 채소는 먼저 익힌 후 넣어도 좋아요.
* 통조림 아티초크, 썬드라이드 토마토, 베이컨, 양파, 실파 등 다양한 재료로 응용해보세요. 치즈도 여러 가지로 응용할 수 있습니다.
* 반죽을 오므려준 후, 그 위에 달걀물이나 생크림을 바르고 치즈를 뿌린 다음 구우면 색감이 더 좋아집니다.

건강하게 만들어 먹는 홈메이드 팬케이크입니다.
믹스를 한번 만들어놓으면 2주 이상 냉장 보관이 가능하니 편하기도 하고요.
팬케이크를 너무 좋아하는 우리 아이들을 위한 소중한 레시피랍니다.

쉽게 준비하고 간편하게 만드는
홈메이드 팬케이크
Homemade pancake

팬케이크 믹스 만들기

준비할 것

- 통밀가루 2컵
- 중력분 ½컵
- 오트밀 1⅓컵
- 플랙시드 가루 2큰술(옵션)
- 설탕 2큰술
- 소금 1½작은술
- 베이킹파우더 1½큰술
- 베이킹 소다 1½작은술
- 포도씨 오일(무색 식용유, 카놀라유) ½컵

만드는 법

1. 포도씨 오일을 제외한 모든 재료를 믹서기에 넣고 곱게 간다.
2. 포도씨 오일을 조금씩 넣어주며 살짝 돌린다.
3. 밀폐용기에 담는다(실온에서 2주, 냉장고에서는 2주 이상 보관 가능하다).

팬케이크 만들기

- 팬케이크 믹스 1컵
- 버터밀크 1컵
- 달걀 1개
- 바닐라액 1~2작은술

1. 모든 재료를 넣고 잘 섞어준 후, 실온에서 20분 정도 걸쭉해질 때까지 둔다.
2. 예열한 팬에 양면이 노릇해지도록 굽는다.

이제 퍽퍽한 스콘은 잊으세요! 사워크림을 넣어 크림처럼 부드럽고 폭신한 스콘이랍니다.
기본 레시피에 초콜릿 칩 대신 블루베리, 건과일, 견과류, 레몬필 등을 넣어
카페에서 파는 스콘 못지않은 나만의 스콘을 만들어보세요.

Breakfast&Brunch

카페 메뉴 부럽지 않은
사워크림 스콘
Sour cream scone

준비할 것

1컵 = 240㎖

- □ 중력분 2컵
- □ 베이킹파우더 1큰술
- □ 설탕 ⅓컵
- □ 소금 ½작은술
- □ 차가운 버터 5큰술
- □ 우유 ⅓컵
- □ 사워크림 ⅓컵
- □ 바닐라액 1~2작은술
- □ 초콜릿 칩 ½~1컵

만드는 법

1 푸드 프로세서에 중력분, 베이킹파우더, 설탕, 소금을 한데 넣고 섞은 다음, 작게 조각 낸 차가운 버터를 넣고 섞는다.

2 1에 우유, 사워크림, 바닐라액을 섞어 넣고, 어느 정도 뭉쳐지도록 반죽한다.

3 밀가루를 살짝 뿌린 테이블 위에 반죽을 얹는다. 초콜릿 칩을 넣고, 살짝 치대면서 반죽한다.

4 반죽의 모양을 다듬고, 8등분한다.

5 베이킹 팬에 적당한 간격으로 팬닝하고, 겉면에 녹인 버터나 달걀물 또는 우유를 바른다. 설탕을 약간 뿌려줘도 좋다.

6 200℃로 예열한 오븐에 15~18분 정도 굽는다.

* 우유와 사워크림을 섞는 대신 버터밀크를 써도 좋아요.
* 반죽은 너무 오래 치대지 말고, 살짝만 뭉쳐주세요.

나무주걱으로 휘리릭 섞어만 주면 만들 수 있는 빵이랍니다.

거대한 스콘같이 생겼죠? 질감과 맛도 비슷해요.

크게 구운 다음 잘라서 버터나 잼과 함께 즐겨보세요.

커피나 차를 곁들이면 브런치나 아침으로 손색없는 빵입니다.

Breakfast & Brunch

커다란 스콘을 닮은
아이리시 소다 브레드
Irish soda bread

준비한 것

1컵 = 240㎖

- ☐ 중력분 2컵
- ☐ 설탕 ½컵
- ☐ 베이킹 소다 ½작은술
- ☐ 베이킹파우더 1½작은술
- ☐ 소금 ½작은술
- ☐ 차가운 버터 2큰술
- ☐ 건포도나 커런트 ½컵
- ☐ 바닐라액 1작은술
- ☐ 사워크림 ½컵
- ☐ 우유 ½컵
- ☐ 달걀 ½개

만드는 법

1. 커다란 볼에 마른 재료들을 모두 넣고 훌훌 섞는다.
2. 1에 차가운 버터를 잘게 잘라 넣고 손으로 비벼준 다음, 건포도를 섞는다.
3. 젖은 재료를 작은 볼에 모두 섞은 다음 2에 넣는다. 마른 재료가 보이지 않을 정도로만 섞는다.
4. 덧밀가루를 뿌린 테이블에 반죽을 꺼내 분할한다.
5. 살짝 치대어 모양을 잡아주고, 칼집을 넣는다.
6. 200℃로 예열한 오븐에서 25분 정도 굽는다.

* 젖은 재료는 반죽의 질기를 봐가면서 가감해주세요.
* 달걀을 넣지 않을 경우에는 그만큼의 우유나 사워크림을 더 넣으면 됩니다.
* 반죽이 질어질 수 있으니 덧밀가루를 충분히 써가면서 치대주세요.
* 반죽을 너무 오래 치대지 않도록 주의하세요.
  어느 정도 뭉쳐질 정도면 됩니다.
* 굽기 전에 녹인 버터나 생크림 또는 달걀물을 바르고 구워도 됩니다.
* 건과일은 각자 취향에 맞는 것으로 무엇이든 넣으면 되고,
  건과일 대신 초콜릿 칩을 넣어도 좋습니다.
* 크게 구울 때는 굽는 시간을 좀 더 늘려주세요.

이스트로 발효를 해서 굽는 버터밀크 와플은 가벼운 식감이 특징입니다.
속은 부드러운 빵처럼 폭신하고, 겉은 바삭한 버터밀크 와플.
달콤한 시럽과 함께하면 더욱 좋아요.

속은 부드럽고 겉은 바삭한
버터밀크 와플
Buttermilk waffle

준비할 것

- 따뜻한 우유 1½컵
- 이스트 1½작은술
- 중력분 2컵
- 황설탕 2큰술
- 소금 ⅛작은술
- 달걀 2개
- 바닐라액 1작은술
- 녹인 버터 6큰술

만드는 법

1. 따뜻한 우유에 이스트를 풀어준다.
2. 마른 재료와 달걀, 바닐라액 섞은 것을 넣고 살살 섞는다.
3. 녹여서 식힌 버터를 넣고 살살 섞는다.
4. 랩을 씌워 한 시간 동안 발효한다.
5. 예열한 와플기에 반죽을 넣고 굽는다.

* 인스턴트 이스트는 한꺼번에 넣고 섞어도 됩니다.
* 설탕 대신 메이플 시럽이나 꿀을 넣어도 좋습니다.
* 저녁에 반죽을 해서 발효시킨 후 냉장고에 넣어두었다가 다음 날 아침에 구워도 좋아요.

다양한 제철 과일을 이용한 과일 샐러드는 건강한 아침을 만들어주는 일등공신입니다.
취향에 따라 좋아하는 과일을 듬뿍 넣어주세요.
요구르트나 생크림을 곁들이면 후식이나 디저트로도 좋아요.

매일매일 건강하게
과일 샐러드
Fruits salad

준비할 것

- 사과, 씨 없는 포도, 자두, 키위, 오렌지, 딸기, 블루베리 등의 과일
- 레몬즙 약간

만드는 법

1. 준비한 과일을 깨끗이 씻어 먹기 좋게 한입 크기로 썰어준다.
2. 썰어놓은 과일 위에 레몬즙을 살짝 뿌리고 과일들을 한데 섞는다.
3. 냉장고 등에 서늘하게 두었다가 먹는다.

햇살 듬뿍 담은 아침에 가장 잘 어울리는 맛이에요.
토스트한 빵과 곁들이면 더욱 좋아요.

Breakfast&Brunch

즐거운 아침 메뉴
스크램블드에그
Scrambled eggs

준비할 것

- □ 달걀 4개
- □ 우유 2큰술
- □ 버터 1큰술
- □ 곱게 간 치즈 3큰술
- □ 소금, 후추 약간

만드는 법

1. 달걀과 우유를 잘 풀어준다.
2. 달군 팬에 버터를 녹이고, 1을 붓는다.
3. 살짝 익으면 스패출러로 살살 저어준다.
4. 달걀이 잘 익도록 약한 불로 줄인 후 가끔 저어준다.
5. 다 익고 나면 불을 끄고 치즈를 올린다.

* 좀 더 진한 맛을 원하면 우유 대신 생크림, 마요네즈 또는 크림 치즈를 넣어보세요.
* 스패출러로 살살 저어주어야 폭신한 스크램블드에그를 만들 수 있어요.
* 허브나 실파를 넣어도 맛있답니다.
* 살사소스나 페스토 소스를 곁들여도 좋아요.

건강한 시금치와 새콤한 딸기, 달콤한 포피시드 드레싱이 어울리는 샐러드입니다.
시금치와 딸기의 궁합이 새롭고, 색도 너무 예뻐 눈과 입이 동시에 즐거워지는 메뉴입니다.
브런치 메뉴로도 좋아요.

Breakfast&Brunch

편식하는 아이도 좋아하는
시금치 샐러드 & 포피시드 드레싱
Spinach salad & Poppy seed dressing

준비할 것

1컵 = 240㎖

□ 시금치 잎 6컵
□ 딸기 슬라이스 2컵
□ 적양파 ½개
□ 아몬드 슬라이스 ½컵

포피시드 드레싱
□ 사과식초 ½컵
□ 설탕 ½~⅔컵
□ 스톤 그라운드 머스터드
  (가루) 3작은술
□ 포피시드 1큰술
□ 소금 ½작은술
□ 올리브오일
  (또는 식용유) 1컵

만드는 법

1 시금치 잎은 깨끗이 씻어 물기를 제거한다.
2 그릇에 샐러드 재료를 담는다.
3 드레싱 재료를 작은 병에 넣고 흔들어서 걸쭉한 드레싱을 만든다.
4 샐러드와 드레싱을 같이 내놓는다.

* 적양파는 살짝 볶아서 넣어도 좋고, 매운맛이 싫다면 물에 살짝 담갔다 써도 좋아요.
* 아보카도를 곁들여도 부드러운 맛이 일품이에요.
* 건크랜베리나 삶은 달걀, 좋아하는 치즈를 올려도 좋아요.
* 포피시드 드레싱은 원래 달콤한 편이지만, 너무 달게 느껴진다면 설탕량을 조금 줄여주세요.
* 올리브오일을 사용할 경우에는 라이트를 사용하세요. 엑스트라 버진은 향이 진해서 이 드레싱과는 안 어울린답니다. 일반 식용유를 써도 좋아요.
* 사과식초는 맛을 보고 ⅔컵까지 늘려도 됩니다.
* 스톤 그라운드 머스터드 대신 디종 머스터드나 일반 머스터드를 1작은술 정도 넣어도 됩니다.
* 드레싱은 차게 보관해서 드세요.

그릭 샐러드는 말 그대로 그리스 사람들이 즐겨 먹는 샐러드를 말한답니다.
여름날 지중해의 햇볕을 받고 자라난 싱싱한 채소들로 만든 시골 샐러드였는데,
현재는 전 세계 어디서나 사랑받는 그리스 대표 메뉴가 되었지요.
제가 미국에 와서 처음으로 먹었던 음식이 바로 그릭 샐러드랍니다.
빵과 함께 즐기면 간단한 한 끼로 최고입니다.

간단하게 한 접시
그릭 샐러드
Greek salad

준비할 것

1컵 = 240㎖

- 오이 1개
- 레드 벨페퍼 ½개
- 그린 벨페퍼 ½개
- 토마토 2개
- 양파 ½개
- 칼라마타 올리브 ½컵
- 페타 치즈 ½컵

그릭 드레싱
- 올리브오일 120㎖
- 레드와인 비니거 ½컵
- 꿀 1작은술
- 디종 머스터드 ½작은술
- 다진 마늘 1작은술
- 말린 오레가노 1작은술
- 소금 ½작은술
- 후추 ½작은술

만드는 법

1. 오이는 반을 갈라 씨를 제거하고 먹기 좋게 자른다.
2. 나머지 채소들도 먹기 좋은 크기로 잘라 준비한다.
3. 밀폐용기에 드레싱 재료를 모두 넣고 흔들어 섞는다.
4. 채소와 드레싱을 섞어준 후 페타 치즈를 올린다.

* 칼라마타 올리브 대신 블랙 올리브를 써도 됩니다.
* 양파는 썰어서 물에 담가두면 매운맛이 덜해져요.
* 크루통을 섞어도 좋아요.
* 보통 드레싱을 만들 때 올리브오일과 비니거(또는 레몬즙)의 양을 2:1로 하지만, 취향에 따라 비니거의 양을 조금 더 늘려도 됩니다.

'바삭하다'라는 뜻의 크로크에 무슈(남자)가 붙은 프랑스식 샌드위치를 크로크무슈라고 하는데요,
이 크로크무슈에 반숙한 달걀을 얹으면 크로크마담이 됩니다.
고소한 치즈와 햄 위에 부드러운 달걀을 더한, 간단하지만 든든한 메뉴입니다.

Breakfast&Brunch

집에서도 카페처럼
크로크마담
Croque-madame

준비할 것

- □ 식빵 4장
- □ 햄 2~4장
- □ 스위스 치즈 4장
- □ 달걀 2개

화이트소스

- □ 버터 3큰술
- □ 중력분 3큰술
- □ 넛맥 ½작은술
- □ 우유 480㎖
- □ 소금, 후추 약간씩

만드는 법

1. 먼저 화이트소스를 만든다. 달군 팬에 버터를 녹인 다음, 중력분을 넣는다. 1분 정도 볶아준 후 우유 2컵을 넣고 걸쭉해질 때까지 저으며 중간불로 끓인다. 넛맥, 소금, 후추로 간한다.
2. 식빵 4장을 베이킹 팬에 펴준 다음, 식빵 두 장 위에 햄을 올리고, 4장 모두 위에 화이트소스를 올려 펴준다.
3. 화이트소스를 바른 빵 4장 위에 스위스 치즈를 올린다.
4. 오븐이나 브로일러에 치즈가 노릇하게 익을 때까지 데운다.
5. 햄이 들어간 식빵 위에 다른 한쪽을 올려 샌드위치를 만든다.
6. 달걀프라이를 샌드위치 위에 올린다.

* 일반 식빵을 사용해도 좋지만 브리오슈나 스위트브레드가 좋아요.
* 빵은 먼저 토스트해준 다음 사용해도 좋아요.
* 오븐이나 브로일러 대신 오븐 토스트기를 사용해도 됩니다.
* 치즈는 좋아하는 종류를 써 보세요.

간식으로도 좋지만 아침으로도 많이들 즐기는 시나몬 롤.
굽는 내내 집안에 시나몬 향이 솔솔 퍼져 행복한 기분입니다.
칼로리가 걱정된다면 아이싱을 빼고 드세요.
따뜻한 커피 한 잔과 너무나 잘 어울리는 시나몬 롤입니다.

향긋한 향이 퍼지는
시나몬 롤
Cinnamon roll

준비할 것

1컵=240㎖

기본 빵 반죽
- ☐ 중력분 3컵
- ☐ 인스턴트 이스트 2작은술
- ☐ 설탕 2큰술
- ☐ 소금 1½작은술
- ☐ 실온의 버터 3큰술
- ☐ 물 ½컵
- ☐ 우유 ½컵

시나몬 필링
- ☐ 흑설탕 1컵
- ☐ 시나몬 파우더 2½작은술
- ☐ 밀가루 1큰술

크림치즈 아이싱
- ☐ 크림치즈 85g
- ☐ 버터 ½컵
- ☐ 슈거파우더 1½컵
- ☐ 바닐라액 1작은술

만드는 법

1. 버터를 제외한 빵 반죽 재료를 모두 제빵기에 넣고 반죽한다.
2. 반죽이 어느 정도 뭉쳐지면 수분 조절을 해주고 실온의 버터를 넣는다.
3. 부드러운 반죽이 될 때까지 반죽한다.
4. 완성된 반죽을 볼에 담아 랩이나 젖은 수건을 씌워 40~60분 정도 1차 발효를 한다.
5. 공기를 약간 빼준 후 둥글려 랩이나 젖은 수건을 덮고 15~20분 휴지한다.

6 반죽을 12×12in(약 30×30㎝) 크기로 밀어준다.
7 반죽 위에 실온의 버터 ⅓컵을 얇게 펴 바르고 시나몬 필링을 고루
   펴준다.
8 반죽을 돌돌 말아준 다음 9등분으로 잘라서 팬닝한다.
9 랩이나 젖은 수건을 덮고 30~40분 정도 2차 발효한다.
10 180℃로 예열한 오븐에서 25~30분 정도 굽는다.
11 아이싱 재료를 모두 넣고 휘핑하여 부드러운 크림치즈 아이싱을 만
   든 후 시나몬 롤이 식기 전에 펴서 발라준다.

* 시나몬 필링에 견과류를 넣어도 좋아요.
* 아이싱 재료 중 크림치즈와 버터는 실온의 상태로 사용하세요.
* 식은 시나몬 롤은 전자레인지나 오븐 토스트에 살짝 데워 드시면 좋아요.

Breakfast&Brunch

달달한 바나나 향이 가득한 퀵브레드입니다.
바쁜 아침, 크림치즈를 바른 바나나 브레드 한 조각이면 거뜬한 아침이 된답니다.
호두나 잣 같은 견과류를 넣고 건강하게 만들어 드세요.

매력적인 단맛의
바나나 브레드
Banana bread

준비할 것

- 중력분 230g
- 설탕 100g
- 베이킹파우더 1작은술
- 베이킹 소다 ½작은술
- 소금 ½작은술
- 시나몬 파우더 1작은술
- 녹인 버터 ½컵
- 달걀 2개
- 바나나 3개
- 바닐라액 1작은술

만드는 법

1. 중력분, 베이킹파우더, 베이킹 소다, 소금, 시나몬 파우더를 넣고 훌훌 섞는다.
2. 달걀에 설탕을 넣고 볼륨이 나도록 거품기로 돌린다.
3. 2에 1을 넣고 살살 섞어서 반죽을 만든다.
4. 바나나를 으깬 다음 버터 녹인 것과 살살 섞어서 반죽에 넣는다.
5. 파운드 팬이나 튜브 팬에 스프레이를 뿌리거나 버터를 발라준 후 반죽을 붓는다.
6. 180℃로 예열한 오븐에 50~60분 굽는다.

* 버터 대신 식용유나 포도씨 오일을 넣어도 됩니다.
* 견과류를 ½컵 정도 넣어도 좋아요.
* 시간대로 구운 다음 꼬치테스트를 해서 반죽이 묻어나오지 않으면 오븐에서 꺼내세요.

미국인들이 좋아하는 아침 메뉴 중 빠질 수 없는 한 가지, 바로 소시지입니다.
모닝 샌드위치에 넣거나 스크램블드에그에 넣어 브리또를 만들어도 좋고,
달걀프라이, 토스트와 함께해도 간단한 한 끼로 손색없답니다.
매일매일 홈메이드로 건강하게 드세요!

집에서 만들어서 건강한
홈메이드 소시지
Homemade sausage

준비할 것

- 곱게 다진 돼지고기 450g
- 다진 파슬리 1큰술
- 레드페퍼 플레이크 1작은술
- 말린 세이지 ½작은술
- 말린 타임 ½작은술
- 황설탕 1작은술
- 소금 1작은술
- 후추 1작은술

만드는 법

1. 모든 재료를 한데 넣고 조물조물 섞는다.
2. 랩을 씌워 간이 배도록 20분 정도 둔다.
3. 달군 팬에 올리브오일을 살짝 두른 다음, 반죽을 적당량 떠서 납작하게 굽는다.

* 설탕 대신 메이플 시럽을 1~2작은술 넣어도 달콤하고 좋아요.
* 허브는 기호대로 넣어주면 됩니다.
* 다진 마늘을 넣어도 좋아요.
* 잉글리시 머핀 샌드위치에 햄 대신 홈메이드 소시지를 넣고 샌드위치로 만들어도 맛있어요.

PART 2

건강한 오후를 위한,
런치 레시피

Lunch Recipe
_
런치 레시피

BROCCOLINI LUNCH PASTA / CURRY PASTA / BEAN CURD BURGER / CHICKEN SALAD SANDWICH
CHEESE BROCCOLI SOUP / BACON CORN PASTA / SALMON CAKE SANDWICH / POTATO SALAD
GRILLED CHEESE SANDWICH / CHICKEN QUESADILLAS / TUNA TORTILLA LAP / SHRIMP SALAD SANDWICH
CAJUN CHICKEN SALAD / SEASONED SPICY CHICKEN NUGGET / DEVILED EGGS / MAPLE BLT SANDWICH

베이비 브로콜리라고도 불리는 브로콜리니는 브로콜리와 중국 케일을 접붙여 만들었다고 해요.
모양도 맛도 브로콜리와 닮은 브로콜리니는 브로콜리보다 연하고 부드러운 데다
줄기까지 먹을 수 있어서 요즘 아주 인기 있는 채소이기도 하지요.
샐러드용 사이드 메뉴로도 좋지만 파스타에 넣어도 잘 어울린답니다.

Lunch Recipe

채소가 어우러져 더 맛있는
브로콜리니 런치 파스타
Broccolini lunch pasta

준비할 것

1컵 = 240ml

□ 파스타 ½팩
□ 브로콜리니 1파운드(227g)

□ 마늘 3쪽
□ 레드페퍼 플레이크 ½작은술
□ 올리브오일 3큰술
□ 레몬 ½개
□ 토마토 1개
□ 파스타 삶은 물 ½컵
□ 소금 ½작은술
□ 후추 ½작은술
□ 파르메산 치즈 ½컵

만드는 법

1. 파스타는 끓는 물에 7~8분 정도 삶는다. 파스타가 거의 익을 무렵 브로콜리니를 넣는다. 파스타와 브로콜리니는 건져 물기를 빼두고, 파스타 삶은 물은 버리지 말고 둔다.
2. 파스타가 익는 동안 다른 팬에 올리브오일을 두르고 마늘 슬라이스와 레드페퍼 플레이크를 볶는다.
3. 삶은 파스타와 브로콜리니, 먹기 좋게 썰어둔 토마토를 넣고 살짝 볶는다.
4. 레몬즙과 파스타 삶은 물을 넣고 소금, 후추로 간한다.
5. 접시에 담고 먹기 직전에 파르메산 치즈를 뿌린다.

* 파스타는 좋아하는 것으로 사용하세요.
* 채소나 허브 종류는 좋아하는 것으로 넣어도 좋아요.
* 소스의 양은 파스타 삶은 물(또는 육수)로 조절하세요.

손님들에게 대접할 때마다 인기 있는 레시피입니다.
크림소스에 카레가루가 들어가서
느끼한 음식을 싫어하는 분들도 너무 좋아하세요.
닭가슴살이나 해물을 넣으면 잘 어울립니다.

특별한 파스타가 먹고 싶다면
카레 파스타
Curry pasta

준비할 것

- 파스타 ½팩 (약 250g)
- 올리브오일 2큰술
- 다진 마늘 1큰술
- 크러시드 레드페퍼 플레이크 ¼~½작은술
- 양파 ½개
- 레드 벨페퍼 ½개
- 그린 벨페퍼 ½개
- 카레가루 2작은술
- 치킨 브로스(닭 육수) ½컵
- 생크림 ½컵
- 생새우 15~20개
- 파슬리 3큰술
- 파르메산 치즈가루 ½컵
- 소금, 후추 약간씩

만드는 법

1. 파스타는 끓는 물에 7~8분 정도 삶는다. 마늘은 다지고, 채소는 슬라이스한다.
2. 달군 팬에 올리브오일을 두르고, 양파, 마늘, 레드페퍼 플레이크를 볶는다.
3. 레드, 그린 벨페퍼를 넣고 살짝 볶은 후 카레가루와 새우를 넣고 볶는다.
4. 생크림과 치킨 브로스를 넣고 새우가 분홍색으로 익을 때까지 끓인다.
5. 삶은 파스타를 넣고 버무려준 후 다진 파슬리를 넣고 소금, 후추로 간한다.
6. 접시에 담고 파르메산 치즈가루를 뿌린다.

두부로 동그랑땡 자주 만들어 드시죠?
큼직하게 부쳐서 햄버거 번에 넣으면 고소하고 영양만점인 별미가 됩니다.
고기를 싫어하는 분들도 부담 없이 즐길 수 있는 메뉴입니다.

Lunch Recipe

영양이 가득한
두부 버거
Bean curd burger

준비할 것

1컵 = 240㎖

☐ 햄버거 번 2개
☐ 양상추 2장
☐ 버터 적당량

두부 패티
☐ 두부(부침용) 1모
☐ 다진 당근 ¼컵
☐ 다진 양파 ¼컵
☐ 다진 홍피망 ¼컵
☐ 다진 부추 ¼컵
☐ 빵가루 ¼컵
☐ 달걀 1개
☐ 간장 1작은술
☐ 소금, 후추 약간씩

☐ 마요네즈 2큰술
☐ 케첩 1큰술

만드는 법

1 두부는 페이퍼타월에 싸서 무거운 접시를 올려두어 물기를 뺀다.
2 두부를 으깨고 나머지 재료와 모두 섞는다.
3 패티를 만들어 올리브오일에 노릇하게 구워낸다.
4 햄버거 번 안쪽에 버터를 바르고 패티와 양상추를 올린다.
5 마요네즈와 케첩을 섞어 소스를 만들어 곁들여 낸다.

★ 패티를 만들 때 소고기, 돼지고기, 새우살을 다져 넣어도 좋아요.
★ 채소는 좋아하는 종류로 원하는 만큼 넣으면 됩니다.
★ 피클이나 양파, 토마토를 같이 넣어도 좋아요.

처음에는 식은 닭고기를 먹으려니 거부감이 들었는데 웬걸요? 너무 맛있어요.
미국에서는 씨 없는 포도를 넣고 많이 만드는데
저는 그 물컹한 느낌이 싫어 건크랜베리를 넣고 만듭니다.
담백한 닭고기와 달콤하게 씹히는 건크랜베리 맛이 최고예요.

치킨보다 더 맛있는
치킨 샐러드 샌드위치
Chicken salad sandwich

준비할 것

 1컵=240㎖

☐ 샌드위치용 빵 4장
☐ 버터 적당량

치킨 샐러드
☐ 잘게 썬 구운 닭가슴살 3컵
☐ 다진 양파 ⅓컵
☐ 다진 샐러리 ⅓컵
☐ 건크랜베리 ⅓컵
☐ 말린 테라곤 1작은술
☐ 마요네즈 ⅓컵
☐ 사워크림 ⅓컵
☐ 사이다 식초 1큰술
☐ 소금, 후추 약간씩

만드는 법

1. 모든 재료를 한꺼번에 잘 섞고, 소금, 후추로 간한다.
2. 냉장고에 차갑게 보관한다.
3. 빵 안쪽에 버터를 바르고 채소와 함께 샌드위치를 만든다.

- ★ 닭가슴살은 익혀서 파는 시판용을 써도 되고 닭가슴살만 사서 삶아서 사용해도 좋아요.
- ★ 테라곤이 없으면 말린 바질이나 오레가노로 대체할 수 있어요.
- ★ 건크랜베리 대신 씨 없는 포도를 넣어도 됩니다.
- ★ 피칸이나 다진 호두 ⅓컵을 넣어도 고소합니다.
- ★ 사이다 식초 대신 레몬즙을 넣어도 됩니다.
- ★ 마요네즈의 양은 기호에 맞게 조절하세요.

치즈를 듬뿍 넣어 고소한 브로콜리 수프입니다.
담백한 빵을 찍어 먹으면 한 끼 식사로도 거뜬하답니다.
마음까지 든든해지는 참 좋은 수프입니다.

Lunch Recipe

빵을 찍어 먹으면 고소함이 더한
치즈 브로콜리 수프
Cheese broccoli soup

준비할 것

1컵 = 240㎖

☐ 큰 감자 3개
☐ 양파 1개
☐ 샐러리 스틱 2개
☐ 올리브오일 2큰술
☐ 닭 육수 3컵
☐ 우유 3컵
☐ 삶은 브로콜리 3컵
☐ 베이 잎 1개(옵션)
☐ 체다 치즈 간 것 2컵
☐ 소금, 후추 약간씩

만드는 법

1. 올리브오일에 다진 양파와 다진 샐러리를 볶는다.
2. 채소가 어느 정도 익으면 닭 육수와 우유를 붓고, 베이 잎과 감자를 작게 썰어 넣은 다음 감자가 익을 때까지 끓인다.
3. 감자가 잘 익으면 베이 잎을 꺼내고, 믹서기나 핸드믹서로 간다.
4. 삶은 브로콜리를 끓인다.
5. 브로콜리가 부드럽게 익으면 체다 치즈를 넣고 치즈가 녹을 때까지 끓인 후 소금, 후추로 간한다.

* 올리브오일 대신 버터를 사용해도 됩니다.
* 믹서기나 핸드믹서 대신 주걱으로 으깨면 씹는 맛이 살아나서 좋아요.

옥수수가 한창인 여름에 가장 잘 어울리는 파스타지만
옥수수 통조림을 이용하면 어느 때나 간단히 만들 수 있습니다.
고소한 베이컨과 달짝지근한 옥수수 크림소스의 조화가 환상적이에요.

LUNCH RECIPE 06

든든한 한 끼로 좋은
베이컨 옥수수 파스타
Bacon corn pasta

준비할 것

1컵 = 240㎖

- 파스타 ½팩(227g)
- 옥수수 2컵
- 베이컨 2~4장
- 다진 마늘 1큰술
- 올리브오일 2큰술
- 레드페퍼 플레이크 ½작은술
- 화이트와인 ½컵
- 생크림 1컵
- 다진 파슬리
  또는 다진 바질 3큰술
- 파르메산 치즈가루 ½컵
- 소금, 후추 약간씩

만드는 법

1. 큰 그릇 안에 작은 접시를 엎어 놓고 옥수수를 올린 다음 칼로 알만 잘라서 준비한다.
2. 마늘과 베이컨은 잘게 다지고, 파스타는 끓는 물에 삶는다.
3. 베이컨을 먼저 바삭하게 볶는다.
4. 올리브오일을 두른 팬에 마늘, 레드페퍼 플레이크와 옥수수를 볶는다.
5. 화이트와인을 넣고 살짝 볶은 후 생크림을 넣고 옥수수가 익을 때까지 끓여 소스를 만든다.
6. 삶은 파스타를 소스에 넣는다.
7. 베이컨과 파슬리 또는 바질 다진 것을 넣고 버무린다.
8. 파르메산 치즈가루를 넣고 버무린다.

---

* 옥수수 통조림을 사용할 경우, 물기를 제거하고 흐르는 물에 한 번 씻어낸 다음 사용하세요.
* 베이컨은 기호에 따라 더 넣어도 좋습니다.
* 아이들이 먹기에는 조금 매울 수 있으므로 레드페퍼 플레이크 양을 조절하세요.
* 파스타를 삶고 남은 물을 1컵 정도 남긴 후 나중에 소스 농도를 조절할 때 쓰면 좋습니다.
* 파슬리나 바질을 말린 것으로 쓸 경우, 1큰술 정도 넣어 주세요.
* 화이트와인 대신 치킨 브로스(닭 육수)를 써도 됩니다.

남편이 어릴 적에 즐겨 먹던 음식이래요.
쉽게 구할 수 있는 연어 통조림으로 간단한 점심이나 간식으로 만들어 먹었다고 하더군요.
생각해보니 저도 학창 시절 친정어머니께서 비슷하게 도시락 반찬을 해주셨었어요.
연어가 아니라 참치이긴 했지만요. 싱싱한 연어로 하면 더 좋겠지만 연어 통조림도 맛있답니다.
그대로 조그맣게 구워서 반찬으로 즐겨도 좋습니다.

Lunch Recipe

옛 추억이 가득한
연어 케이크 샌드위치
Salmon cake sandwich

준비할 것

1컵 = 240㎖

- 샌드위치용 빵 4개
- 버터 적당량
- 양상추, 토마토, 적양파 적당량

연어 케이크
- 연어 통조림 2개
- 빵가루 1컵
- 다진 마늘 1큰술
- 말린 딜 1작은술
- 다진 레드, 그린 벨페퍼 ½컵
- 밀가루 2큰술
- 달걀 2개
- 파프리카 1작은술
- 다진 파슬리 ½컵 (말린 것은 1큰술)
- 소금, 후추 약간씩

만드는 법

1. 연어 통조림은 물기를 제거해서 준비한다.
2. 연어 케이크용 나머지 재료를 모두 담고 조물조물 섞는다.
3. 4등분하여 납작하게 패티를 만든다.
4. 올리브오일을 두른 팬에 노릇하게 굽는다.
5. 토스트한 빵 안쪽에 버터를 약간 바른 다음, 채소와 패티를 올려 샌드위치를 만든다.

* 연어 통조림 대신 생 연어를 다져서 사용해도 됩니다.
* 패티를 구울 때 밀가루 옷을 살짝 입혀 구우면 더 바삭하게 구워집니다.
* 마요네즈나 케첩, 머스터드를 곁들여 드세요.

꾸밈없는 투박한 맛이 매력인 감자 샐러드입니다.
그냥 먹어도 맛있지만 고기 요리와 함께 사이드로도 좋고
폭신한 빵에 샌드위치로 만들어서 즐겨도 아주 맛있습니다.

여기저기 활용도가 좋은
감자 샐러드
Potato salad

준비할 것

1컵 = 240㎖

- 감자 중간 크기 5개
  (큰 것은 3개 정도)
- 삶은 달걀 3개
- 다진 양파 1/2컵
- 다진 샐러리 1/3컵
- 다진 스위트 피클 1/3컵
- 다진 빨간 피망 1/3컵
- 디종 머스터드 1큰술
- 마요네즈 1/2~1컵
- 소금, 후추 약간씩
- 파프리카 약간

만드는 법

1. 감자는 껍질을 벗기고 깍둑썰기를 해서 물에 끓여 익힌 후, 물기를 버리고 큰 볼에 넣고 으깬다.
2. 삶은 달걀은 다져주고 다진 채소와 같이 넣어준다.
3. 디종 머스터드와 마요네즈를 넣고 버무린다.
4. 소금, 후추로 간을 한다.
5. 먹기 전에 파프리카를 조금 뿌린다.

* 감자의 씹히는 맛을 좋아하면 너무 곱게 으깨지 마세요.
* 마요네즈는 1/2컵부터 시작해서 기호에 맞춰 더 추가해도 좋아요.

우리나라 아이들이 처음 혼자서 요리하는 음식이 라면이라면
미국 아이들은 그릴드 치즈 샌드위치가 아닐까 합니다.
만드는 방법도 간단하고 빵과 치즈의 종류에 따라
다양한 맛을 즐길 수 있는 착한 메뉴예요.
반을 갈랐을 때 녹아내리는 치즈, 생각만으로도 절로 군침이 돕니다.

Lunch Recipe

미국 아이들의 첫 요리
그릴드 치즈 샌드위치
Grilled cheese sandwich

준비할 것

- ☐ 식빵 4장
- ☐ 아메리칸 치즈 4장
- ☐ 버터 4큰술

만드는 법

1. 식빵의 한쪽 면에 버터를 고루 바른다.
2. 버터 바른 면을 달군 프라이팬에 맞닿게 올린 다음, 반대편에 좋아하는 치즈를 올린다.
3. 나머지 두 장의 식빵은 버터 바른 면이 위로 오도록 올려주고, 양면을 노릇하게 굽는다.

* 치즈는 각자 좋아하는 종류로 사용하세요(아메리칸, 체다, 스위스, 페퍼잭 등).
* 피클이나 토마토를 좋아한다면 같이 넣고 구워도 좋아요.
* 마요네즈나 머스터드, 케첩을 곁들이면 더 맛있답니다.
* 그릴드 치즈 샌드위치와 토마토 수프는 환상 궁합이랍니다.

만드는 방법은 간단하지만 언제나 인기 있는 메뉴입니다.
안에 들어가는 필링도 좋아하는 것으로 다양하게 응용하면
더욱 맛있게 드실 수 있답니다.

이것저것 넣어서 더 맛있게
치킨 퀘사디야
Chicken Quesadillas

준비할 것

1컵 = 240ml

〈4인분〉
- 닭가슴살 2컵
- 곱게 갈은 체다 치즈 2컵
- 소프트 토르티야 4장

- 살사소스
- 사워크림 약간씩

만드는 법

1. 닭가슴살을 삶거나 오븐에 구워 포크로 잘게 찢어준다.
2. 예열한 팬에 토르티야를 살짝 데운다. 반쪽에 닭가슴살 ½컵과 치즈 ½컵을 올려준다.
3. 반죽을 반으로 접어 치즈가 녹고 양면이 노릇해질 때까지 익혀준다.
4. 살사소스와 사워크림을 곁들여 낸다.

* 닭가슴살은 시판용을 쓰면 편하고 좋지만 간단하게 삶거나 오븐에 구워서 사용하면 더 좋아요.
* 치즈의 종류와 양은 취향대로 조절해서 넣으세요.

빵으로 만들어 먹는 샌드위치가 싫증이 난다면
소프트 토르티야를 이용해서 랩을 만들어보세요.
참치 통조림을 이용한 간단 런치 메뉴입니다.

간단한 런치 레시피
참치 토르티야 랩
Tuna tortilla lap

준비할 것

- ☐ 참치 통조림 1개
- ☐ 마요네즈 2~3큰술
- ☐ 후추 약간
- ☐ 소프트 토르티야 1~2장
- ☐ 치즈 2장
- ☐ 샐러드용 채소 약간

만드는 법

1. 참치 통조림의 기름을 제거한 다음, 마요네즈와 후추를 넣고 버무려준다.
2. 소프트 토르티야를 깔고 치즈를 올린 다음, 참치와 채소를 올려 돌돌 만다.

* 다진 양파나 다진 샐러리를 넣어도 좋아요.
* 소프트 토르티야를 전자레인지나 프라이팬에 살짝 데우면 말기가 더 수월합니다.

만드는 방법은 간단하지만 맛도 모양도 럭셔리한 새우 샐러드 샌드위치입니다.
샐러드만 먹어도 맛있지만 채소를 가득 넣고 샌드위치로 만들어보세요.
통통하게 씹히는 새우살이 일품입니다.

Lunch Recipe

입안 가득 풍부한 맛
새우 샐러드 샌드위치
Shrimp salad sandwich

준비할 것

1컵 = 240㎖

☐ 크루아상 6개
☐ 삶은 새우 400g
☐ 다진 양파 ½컵
☐ 다진 샐러리 ½컵
☐ 다진 파슬리 1큰술(말린 것은 1작은술)
☐ 마요네즈 ½컵
☐ 사워크림 ½컵
☐ 레몬즙 1작은술
☐ 소금, 후추 약간씩

만드는 법

1 생 새우는 레몬즙을 뿌린 물에 살짝 삶는다.
2 삶은 새우는 물기를 제거해둔다.
3 2에 나머지 재료를 모두 넣고 버무린다.

* 새우살은 다져서 써도 좋아요.
* 모든 채소는 기호에 따라 가감하세요.
* 마요네즈와 사워크림을 섞지 않고 마요네즈만 사용해도 됩니다.
* 빵 안쪽에는 버터를 발라주세요. 그래야 빵이 젖지 않아요.
* 테라곤 허브를 ½작은술 정도 넣으면 맛이 아주 좋아져요.

달콤새콤한 허니 머스터드 드레싱은
치킨 너겟만 찍어 먹어도 너무 맛있지요?
채소와 삶은 달걀을 곁들여
샐러드를 만들어보세요.
간단하고 건강한 점심으로 아주 좋습니다.
드레싱은 샌드위치에
스프레드로 써도 좋아요.

집에서 만들어서 더 맛있는
케이준 치킨 샐러드
with 허니 머스터드 드레싱

Cajun chicken salad

준비할 것

1컵 = 240㎖

- 양상추 3컵
- 레드 벨페퍼 ½개
- 적양파 ½개
- 삶은 달걀 1~2개
- 체다 치즈 ½컵
- 토마토 1개
- 튀긴 팝콘 치킨 2컵

허니 머스터드 드레싱
- 마요네즈 ½컵
- 사워크림
  (또는 플레인 요구르트)
  ½컵
- 꿀 ½컵
- 디종 머스터드 1½큰술
- 파프리카 ½작은술(옵션)
- 소금, 후추 ½작은술씩

만드는 법

1. 채소와 달걀은 먹기 좋은 크기로 썰어준다.
2. 큰 접시에 채소와 달걀을 담는다.
3. 팝콘 치킨은 바삭하게 튀겨 준비한다.
4. 드레싱의 재료는 모두 섞어 차게 둔다.
5. 먹기 전에 드레싱을 뿌린다.

* 드레싱 재료 중 사워크림은 플레인 요구르트로 대체할 수 있어요.
* 파프리카는 생략해도 됩니다.
* 드레싱은 작은 병에 담아 냉장 보관하고, 샌드위치용 스프레드나 딥으로 써도 좋아요.

시판용 치킨 너겟을 사용하여 만드는 양념치킨 너겟입니다.
한국의 양념통닭 소스의 맛과 아주 비슷해요.
해외에 사는 저희에게는 향수를 불러일으키는 유용한 레시피입니다.

Lunch Recipe

건강하게, 하지만 맛있게
양념치킨 너겟
Seasoned spicy chicken nugget

준비할 것

- □ 시판용 치킨 너겟 1봉지
- □ 고추장 2큰술
- □ 케첩 2큰술
- □ 간장 2½큰술
- □ 식초 1½큰술
- □ 딸기잼 2큰술
- □ 설탕 1½큰술
- □ 물엿 1큰술
- □ 생강가루 ½작은술
- □ 다진 마늘 2큰술
- □ 양파 간 것 ½쪽

만드는 법

1. 양념 재료를 모두 넣고 끓여준다.
2. 치킨 너겟은 기름에 노릇하게 튀기거나 오븐에 굽는다.
3. 양념과 치킨 너겟을 버무린 다음, 땅콩이나 깨를 뿌려 마무리한다.

삶은 달걀이 우아하게 변신했죠?
기본적인 클래식 레시피인데요,
손님 초대에도 너무 좋고, 샐러드 위에 올려도 색다르답니다.
노른자 필링에 여러 가지 재료를 넣어 응용해보세요.

삶은 달걀 우아하게 즐기기
데빌드 에그
Deviled eggs

준비할 것

1컵 = 240㎖

- 삶은 달걀 12개
- 마요네즈 ½컵
- 디종 머스터드 또는 옐로우 머스터드 2작은술
- 소금, 후추 ⅛작은술씩
- 다진 파프리카 약간
- 파슬리 약간

만드는 법

1. 삶은 달걀은 반으로 잘라 흰자와 노른자를 분리한다. 노른자는 마요네즈, 머스터드, 소금, 후추와 부드럽게 섞는다.
2. 짤주머니에 노른자 필링을 넣고 흰자 위에 짠다.
3. 파프리카와 파슬리 다진 것을 뿌려 장식한다.

* 달걀 삶는 법은 쿠킹 팁을 참고하세요.
* 머스터드 대신 카레 파우더 1작은술을 넣어도 맛있답니다.
* 실파 다진 것, 베이컨칩, 다진 샐러리, 다진 양파 등을 넣어도 좋아요.

BLT 샌드위치는 베이컨, 양상추, 토마토가 들어간 샌드위치로 간단한 점심으로 아주 좋아요.
평범한 BLT 샌드위치를 특별하게 변신시켜 봤어요.
달콤한 메이플 시럽을 바른 베이컨 덕분에 맛도 업그레이드되었어요.
달콤하고 바삭한 베이컨과 아삭한 양상추 그리고 상큼한 토마토가 어우러지는
건강한 샌드위치를 맛보세요.

평범한 샌드위치를 특별하게
메이플 BLT 샌드위치
Maple BLT sandwich

메이플 베이컨 만들기

준비할 것

1컵 = 240㎖

☐ 베이컨 16~20장
☐ 메이플 시럽 ⅓컵

만드는 법

1. 베이킹 팬 위에 식힘망을 올리고 베이컨을 펴준다.
2. 200℃로 예열한 오븐에 10~12분 정도 노릇하게 굽는다.
3. 오븐에서 꺼내 메이플 시럽을 발라준 후 5분 정도 더 굽는다.

* 오븐용 접시나 팬에 그냥 구워도 되지만 식힘망을 올리고 구우면 기름기가 빠져 더 좋아요.
* 베이컨의 두께에 따라 굽는 시간을 조절하세요.
* 오븐 대신 프라이팬에 구워도 됩니다.

샌드위치 만들기 (2인분)

☐ 오트밀 브레드 슬라이스 4장
☐ 메이플 베이컨 6~8장
☐ 양상추 2~4장
☐ 토마토 1개 슬라이스
☐ 마요네즈 약간
☐ 버터 약간

1. 토스트한 빵 안쪽에 버터를 얇게 바르고, 마요네즈를 발라준다.
2. 양상추, 토마토, 메이플 베이컨 순서로 올려준다.

* 빵은 토스트기에 살짝 구워주는 게 더 고소하고 맛있지만 그냥 사용해도 괜찮아요.

PART 3

지루한 시간을 깨우는 영양 간식, 리프레시 레시피

Refresh Recipe

—

리프레시 레시피

EDAMAME / HUMMUS / COFFEE FRAPPE / AFFOGATO / BREAD&PIZZA / ITALIAN GARLIC BREAD
SOFT PRETZEL / PUMPERNICKEL BREAD / HONEY OATMEAL BREAD / BLONDIE / OATMEAL COOKIE
THUMBPRINTS COOKIE / GALETTE COOKIE / TARTE BOURDALOUE
SOUR CREAM APPLE PIE / VICTORIA CAKE

아이들이 좋아하는 건강 간식
삶은 풋대두
Edamame

하나씩 까먹는 재미가 있어 아이들이 정말 좋아해요.
단백질이 가득한 건강 간식이니까
파스타, 샐러드, 후머스 등에 다양하게 응용해보세요.

준비할 것

- 풋대두(에다마메) 1팩(454g)

- 소금 ½작은술
- 토핑용 소금 약간(옵션)

만드는 법

1. 끓는 물에 소금을 넣고 풋대두를 넣어준 후 5~6분 정도 삶는다.

* 뜨거울 때 먹어도 좋고 차갑게 해서 드셔도 맛있어요.
* 뜨거울 때 바다소금을 약간 뿌려줘도 좋아요.

Refresh Recipe

과자도 찍어먹고, 채소도 찍어먹는

후머스
with 채소
Hummus

REFRESH RECIPE 02

건강한 애피타이저 후머스입니다.
채소나 크래커와 같이 먹거나 샌드위치 만들 때
스프레드로 사용해도 너무 좋습니다.

준비할 것

1컵 = 240㎖

□ 칙피즈 1캔
□ 참깨 페이스트 ½컵
□ 다진 마늘 2작은술
□ 레몬즙 2큰술
□ 올리브오일 ½컵
□ 물 ½컵
□ 소금 ½작은술

만드는 법

1 칙피즈는 깨끗이 씻어 준비한다.
2 푸드 프로세서에 물을 제외한 모든 재료를 넣고 부드럽게 간다.
3 물을 조금씩 넣으면서 원하는 질기로 조절한다.

---

* 다진 파슬리 ¼컵과 올리브오일 ¼컵을 갈아
  서 올려줘도 좋아요.

카페 부럽지 않은

커피 프라페
Coffee frappe

여름이면 항상 즐겨 찾게 된답니다.
굳이 시내의 커피숍에 가지 않아도
비슷한 맛에 깜짝 놀라게 되는 커피 프라페입니다.

준비할 것

 1컵 = 240㎖

☐ 에스프레소 더블샷 ⅔컵
☐ 우유 1컵
☐ 설탕 2~3큰술
☐ 얼음 2컵
☐ 초콜릿 시럽 3큰술
☐ 생크림 적당량

만드는 법

1. 에스프레소는 내려 식힌다.
2. 믹서기에 모든 재료를 넣고 간다.
3. 컵에 담고 생크림 휘핑한 것과 초콜릿 시럽을 뿌린다.

Refresh Recipe

마음까지 여유로워지는 맛
아포가토
Affogato

아이들의 방해를 피해 혼자 분위기 잡으며
먹고 싶은 우아한 디저트입니다.
에스프레소 머신을 장만한 뒤로
자주 먹을 수 있어 너무 행복해요.

준비할 것

☐ 바닐라 아이스크림 2~3스쿱
☐ 에스프레소 1잔
☐ 코코아 파우더 약간

만드는 법

1 아이스크림을 컵에 담는다.
2 아이스크림에 에스프레소를 붓고 코코아 파우더를 약간 뿌린다.

* 생크림을 휘핑해서 올려도 좋아요.

반죽하는 데 5분밖에 걸리지 않는 간단한 빵입니다.
주로 피자 반죽으로 이용하는데
아이들과 같이 만들기 좋아요.
각자 좋아하는 토핑을 맘대로 올리고
완성된 피자를 보면 무척 신기해합니다.
아이들의 기뻐하는 모습에 맛도
두세 배가 된답니다.

5분만 투자하면 완성
5분 빵&피자
Bread & Pizza

준비할 것

- ☐ 따뜻한 물 3컵
- ☐ 중력분 6½컵
- ☐ 소금 1큰술
- ☐ 인스턴트 이스트 1½큰술

피자 재료
- ☐ 좋아하는 토핑 적당량
- ☐ 피자 소스 적당량
- ☐ 피자 치즈 적당량

만드는 법

1. 뚜껑이 있는 큰 통에 마른 재료를 모두 넣고 훌훌 섞는다.
2. 물을 넣고 마른 가루가 보이지 않을 정도로만 섞는다.
3. 뚜껑을 살짝 덮고, 실온에서 2시간 동안 1차 발효한다.
4. 반죽 위에 밀가루를 솔솔 뿌리고 원하는 사이즈로 반죽을 가위로 잘라낸 다음, 살짝 둥글려 젖은 수건을 씌워 15~20분 정도 중간발효한다.
5. 원하는 모양으로 성형한 후 젖은 수건을 씌워 30~40분 정도 2차 발효를 한다.
6. 220℃로 예열한 오븐에서 18~20분 동안 굽는다.

* 피자 도우로 사용할 경우에는 올리브오일 ¼을 추가합니다.

5분 빵으로 피자 만들기

만드는 법

1. 중간발효를 마친 5분 빵 반죽을 원하는 피자 사이즈로 밀어 베이킹 시트에 팬닝한다.
2. 가장자리에 올리브오일을 바르고 안쪽에는 피자 소스를 바른다.
3. 좋아하는 토핑과 피자 치즈를 올리고 220℃로 예열한 오븐에 18~20분 굽는다.

* 1차 발효가 끝나고 남은 반죽은 2주 동안 냉장보관할 수 있습니다. 시간이 지날수록 사워 도우처럼 신맛이 강해지므로 빠른 시일 내에 굽는 것이 좋습니다.
* 반죽이 부풀었다가 냉장고에서 꺼지는 경우가 있는데, 이는 피자를 만드는 데 크게 영향을 미치지는 않습니다.
* 반죽이 질 수도 있으니 덧밀가루를 충분히 사용하면서 반죽하세요.
* 베이킹 스톤을 쓴다면 오븐을 예열할 때 같이 넣고 예열하면 됩니다.
* 오븐을 예열할 때 작은 베이킹 팬을 같이 넣고 예열했다가 반죽을 오븐에 넣고 뜨거운 물을 예열한 베이킹 팬에 부어 빵을 구우면 겉면을 바삭하게 구울 수 있답니다.
* 반죽의 크기에 따라 굽는 시간을 조절해주세요.
* 같은 반죽으로 피자, 포카치아, 치아바타, 바게트, 하드롤을 구울 수도 있어요.

담백하고 깔끔한 맛이 그만인 심플 홈메이드 이탈리안 빵입니다.
그대로 사이드로 즐기거나 샌드위치를 만들어도 좋지만 달콤한 마늘빵으로 만들어보세요.
메인 요리보다 더 인기 있는 마늘빵입니다.

Refresh Recipe

미국 레스토랑에서 파는 맛

이탈리안 마늘빵
Italian garlic bread

준비할 것

이탈리안 빵 반죽
- ☐ 중력분 3컵
- ☐ 인스턴트 이스트 2작은술
- ☐ 설탕 1작은술
- ☐ 소금 1작은술
- ☐ 탈지분유 1큰술
- ☐ 올리브오일 2큰술
- ☐ 따뜻한 물 1컵(+⅓컵)

갈릭버터
- ☐ 실온의 버터 ½컵
- ☐ 연유 ⅓~½컵
- ☐ 다진 파슬리 1큰술
   (말린 것은 1작은술)
- ☐ 파르메산 치즈 ½컵
- ☐ 다진 마늘 1큰술

만드는 법

1. 올리브오일을 제외한 모든 재료를 제빵기에 넣고 반죽한다.
2. 반죽 상태를 보며 물 조절을 한다. 반죽이 어느 정도 뭉쳐지면 올리브오일을 넣고 반죽이 부드러워질 때까지 반죽한다.
3. 큰 볼에 반죽을 넣고 랩이나 젖은 면포를 덮어 40~60분 정도 1차 발효를 한다(반죽이 두 배 정도 발효될 때까지).
4. 공기를 살짝 빼주고 반죽을 3등분한 다음, 둥글려준 후 랩이나 면포를 덮고 15~20분 정도 중간발효를 한다.
5. 원하는 모양으로 성형을 하고, 랩이나 젖은 면포를 덮어 30~40분 정도 2차 발효를 한다.
6. 200℃로 예열한 오븐에서 20~25분 굽는다.
7. 버터와 연유를 섞어 갈릭버터를 만든다.
8. 반을 가른 빵 안쪽에 갈릭버터를 바르고 파슬리와 파르메산 치즈를 뿌린 후 200℃로 예열한 오븐에 8~10분 정도 노릇하게 굽는다.

* 밀가루의 보관 상태에 따라 물이 더 들어가거나 덜 들어갈 수 있으니 반죽을 만져보면서 조절하세요.
* 반죽을 손가락으로 찔러보았을 때 자국이 그대로 남아 있으면 1차 발효를 마무리하세요.
* 랩을 덮고 발효를 하면 반죽이 들러붙을 수 있으니 랩 안쪽에 스프레이오일을 뿌려주세요.
* 연유의 양은 맛을 보면서 조절할 수 있어요.

쇼핑을 하러 갈 때마다 그냥 지나칠 수 없는 곳이 바로 프레첼을 파는 곳인데요,
고소하고 달콤한 냄새 때문에 꼭 발길이 멈추지요.
이젠 집에서 아이들과 같이 만들어보세요.
소금, 시나몬 슈거, 치즈, 페퍼로니, 갈릭파우더 중 어떤 토핑을 드실래요?

아이들과 함께 만드는
소프트 프레첼
Soft pretzel

준비할 것

프레첼 반죽
〈6~12개〉
- ☐ 중력분 3컵
- ☐ 인스턴트 이스트 2작은술
- ☐ 황설탕 1큰술
- ☐ 소금 1작은술
- ☐ 녹인 버터 1큰술
- ☐ 따뜻한 물 1컵

소다물
- ☐ 베이킹 소다 2큰술
- ☐ 따뜻한 물 2컵

시나몬 슈거
- ☐ 설탕 ¼컵
- ☐ 시나몬 파우더 2~3작은술

만드는 법

1. 프레첼 반죽 재료를 모두 제빵기에 넣고 반죽을 한 다음, 큰 볼에 넣고 랩을 씌워 1시간 정도 1차 발효한다.
2. 발효를 마친 반죽을 눌러 공기를 살짝 뺀다.
3. 피자 커터로 길게 잘라 반죽을 30~40cm 정도로 늘린다.
4. 프레첼 모양으로 성형한다.
5. 소다물을 만들어 프레첼을 앞뒤로 담근 다음, 마른 타월에 살짝 올려 밑면의 물기를 제거하고 팬닝한다.
6. 220℃로 예열한 오븐에 10~12분 노릇하게 굽는다.
7. 식기 전에 녹인 버터를 바르고 시나몬 슈거를 뿌린다.

프레첼 성형하기

1 반죽을 길게 늘려서 U자 모양으로 만들고 가운데 부분을 두 번 꼬아준다.

2 꼬아준 양 끝부분을 고리 모양으로 내려 아래 부분에 붙인다.

3 하트 모양으로 만들어지면 완성.

* 반죽을 할 때 물의 양은 반죽의 질기를 봐가면서 조절해주세요.
* 빵 반죽 시 따뜻한 물을 사용하세요.
* 2차 발효는 하지 않아도 무방하지만 20분 정도 하면 더 좋아요.
* 토핑을 올리고 구울 경우에는 오븐에 넣기 전에 올리고 구우면 됩니다.
* 반죽을 길게 늘려 잘라서 프레첼 스틱이나 핫도그를 안에 넣고 말아 핫도그 프레첼을 만들어도 좋아요.

Refresh Recipe

묵직하고 진한 색이 매력인 독일식 호밀빵입니다.
중력분과 통밀, 호밀가루를 섞어서 입맛에 맞게
홈메이드로 구워보세요.
무엇보다 콘비프와 독일식 양배추 절임을 넣고
루번 샌드위치를 만들면 아주 그만입니다.
알싸한 양배추 절임이 들어간
샌드위치의 색다른 맛에 반할 거예요.

루번 샌드위치를 제대로 즐기려면
펌퍼니클 브레드
Pumpernickel bread

준비할 것

- 중력분 1컵
- 통밀가루 1컵
- 호밀가루 1컵
- 콘밀 ½컵
- 인스턴트 커피가루 2작은술
- 코코아 파우더 2큰술
- 인스턴트 이스트 2작은술
- 몰라세스(당밀) 3큰술
- 소금 1½작은술
- 버터 2큰술
- 물 1½컵

만드는 법

1 버터를 제외한 빵 반죽 재료를 모두 제빵기에 넣고 반죽한다.
2 반죽이 어느 정도 뭉쳐지면 실온의 버터를 넣고 부드러운 반죽이 될 때까지 반죽한다.
3 볼에 담아 랩이나 젖은 수건을 씌우고 40~60분 정도 1차 발효를 한다.
4 발효한 반죽을 눌러 공기를 약간 뺀 다음, 둥글려 랩이나 젖은 수건을 덮고 15~20분 휴지한다.
5 원하는 모양으로 성형한 후 팬닝해서 랩이나 젖은 수건을 씌워 30~40분 동안 2차 발효한다.
6 180℃로 예열한 오븐에 35~40분 굽는다.

* 물은 따뜻한 물을 사용하고, 버터는 실온의 버터를 사용하세요
* 물은 보통 1½컵이 들어가지만 버터를 넣기 전에 반죽을 만져보고 물의 양을 조절해주세요. 물을 추가해야 할 경우에는 1큰술씩 추가해주세요.
* 빵은 완전히 식은 후에 잘라 드세요.

펌퍼니클 브레드로 루번 샌드위치 만들기

준비할 것

1컵 = 240㎖

- 펌퍼니클 브레드 슬라이스 4장
- 스위스 치즈 4장
- 콘비프 슬라이스 4~8장
- 사워 크라우트 ½컵
- 스프레드 버터 2큰술
- 사우전드 아일랜드 드레싱 ½컵

만드는 법

1. 모든 펌퍼니클 브레드 슬라이스 한쪽에 버터를 펴 바른다.
2. 버터를 바르지 않은 면에 스위스 치즈, 콘비프, 사워 크라우트를 올리고, 다른 한쪽에 아일랜드 드레싱을 발라 샌드위치를 만든다.
3. 달군 팬에 버터를 바른 면을 올리고, 치즈가 녹을 때까지 양면을 노릇하게 굽는다.
4. 먹기 좋은 크기로 잘라 남은 드레싱을 곁들여 낸다.

* 사워 크라우트는 물에 한 번 씻어서 물기를 제거한 후 사용하세요.
* 콘비프나 치즈는 좋아하는 만큼 더 넣어도 됩니다.

함께 즐기는 사우전드 아일랜드 드레싱 만들기

준비할 것

1컵 = 240㎖

- 마요네즈 1컵
- 다진 파슬리 1큰술(말린 것은 1작은술)
- 다진 스위트피클 2큰술
- 케첩(또는 칠리소스) 2큰술
- 다진 양파 1작은술
- 파프리카 ½작은술
- 삶은 달걀 1개

만드는 법

1. 삶은 달걀을 다진다.
2. 모든 재료를 볼에 넣고 부드럽게 섞은 후 냉장보관한다.

'건강한 빵은 거칠다'라는 편견을 날려버린 빵입니다.
굽자마자 버터 스프레드나 꿀을 발라 먹으며 감탄하고,
다음날 아침 토스트해서 먹으면서 다시 한 번 감탄하게 되는 빵.
고소하고 달콤한 맛에 반해 매일 굽게 되는 빵이랍니다.

Refresh Recipe

건강하고 부드러운 빵
허니 오트밀 브레드
Honey oatmeal bread

준비할 것

1컵 = 240㎖

- 끓인 물 1¼컵
- 오트밀 ¾컵
- 버터 3큰술
- 소금 1¼작은술
- 메이플 시럽 2큰술
- 꿀 2큰술
- 인스턴트 이스트 2작은술
- 중력분 3컵
- 다진 피칸 또는 호두 ¾컵 (옵션)
- 오트밀 ¾컵(토핑용)

만드는 법

1. 제빵기에 끓인 물, 오트밀, 버터, 소금, 메이플 시럽, 꿀을 넣고 섞은 후 살짝 식힌다.
2. 이스트와 중력분을 넣고 반죽을 한다.
3. 부드러운 반죽이 되면 볼에 담아 랩이나 젖은 수건을 덮고 40~60분 정도 1차 발효한다.
4. 반죽을 꺼내 2등분한 후 둥글려서 랩이나 젖은 수건을 씌워 15~20분 정도 중간발효를 한다.
5. 작은 베이킹 팬이나 사각 팬에 토핑용 오트밀 ¾컵을 담아 펴준다.
6. 반죽에 물 스프레이를 해주고 오트밀에 꾹 눌러 오트밀 토핑을 입힌 다음, 랩이나 젖은 수건을 덮고 30~40분 정도 2차 발효를 한다.
7. 180℃로 예열한 오븐에 20~22분 정도 굽는다.

* 1번 과정에서 약간 따뜻할 때까지 식히는 과정이 중요합니다. 너무 뜨거우면 이스트가 죽어버려요. 손가락을 넣었을 때 따뜻하다고 느껴질 무렵까지 식히는 게 좋아요.
* 당분이 모두 액체이기 때문에 물을 1컵만 넣고 반죽을 시작하고, ¼컵은 반죽의 상태를 봐가면서 추가하세요.
* 다진 피칸이나 다진 호두는 반죽을 시작하고 어느 정도 뭉쳐진 다음에 넣으세요.
* 식빵 팬에 한 덩이로 굽는 경우에는 시간을 35~45분 늘려 굽습니다.
* 구울 때 오븐 안쪽에 스프레이로 물을 뿌려 스팀을 주면 바삭해서 더 좋아요.

황설탕과 버터가 들어가서 촉촉하고 쫀득한 쿠키랍니다.
주말이나 친구들 모임, 생일 때 자주 굽는 레시피입니다.
그만큼 만들기가 쉽다는 얘기지요. 맛은 설명이 필요 없을 정도로 맛있어요.

친구 집에 가져가고 싶은
블론디
Blondie

준비할 것

1컵 = 240㎖

□ 중력분 1½컵
□ 소금 ½작은술
□ 베이킹파우더 1작은술
□ 녹인 버터 ¾컵(12큰술)
□ 달걀 2개
□ 황설탕 1컵
□ 바닐라액 1½작은술
□ 초콜릿 칩 1컵

만드는 법

1 마른 가루류는 훌훌 섞어둔다.
2 큰 볼에 달걀, 설탕, 바닐라액, 녹인 버터를 넣고 섞는다.
3 마른 가루류를 2에 섞는다.
4 초콜릿 칩을 넣어준다.
5 베이킹 팬에 유산지를 깔고 반죽을 붓는다.
6 180℃로 예열한 오븐에 22~25분 정도 굽는다.

* 버터는 작게 잘라 전자레인지에 30초에서 1분 정도 돌려서 녹인 후 식혀서 사용하세요.
* 초콜릿 칩을 줄이고 버터스카치나 다른 베이킹용 칩을 섞어도 좋아요.

여러 가지 오트밀 쿠키 레시피들이 많지만 제가 항상 굽게 되는 레시피예요.
처음 베이킹을 시작했을 때 초콜릿 칩 쿠키와 함께 가장 많이 굽던 과자라 정이 많이 가는 레시피네요.

쫀득쫀득한 맛이 매력적인
오트밀 쿠키
Oatmeal cookie

준비할 것

- 흰설탕 ⅓컵
- 황설탕 ½컵
- 버터 ½컵
- 달걀 1개
- 바닐라액 ½작은술
- 중력분 ⅔컵
- 베이킹 소다 ½작은술
- 시나몬 파우더 ½작은술
- 소금 ½작은술
- 퀵 오트밀 1½컵
- 건포도 ½컵
- 다진 너트 ½컵

만드는 법

1. 버터와 설탕류를 크림화한 다음 달걀, 바닐라액을 넣고 볼륨이 나도록 휘핑한다.
2. 중력분, 베이킹 소다, 시나몬 파우더, 소금을 체에 쳐서 넣고, 살살 섞는다.
3. 오트밀과 건포도, 너트류를 넣고 반죽을 뭉친다.
4. 적당한 크기로 팬닝하고 살짝 누른다.
5. 190℃로 예열한 오븐에 8~10분 정도 굽는다.

* 버터와 달걀은 실온의 것을 사용하세요.
* 퀵 오트밀은 올드패션보다 입자가 작은 것입니다.
* 건포도 외에 크랜베리, 커런츠, 블루베리 등 다른 종류의 건과류를 사용해도 됩니다.
* 쿠키 스쿱을 사용하면 편리합니다.
* 오트밀, 중력분, 베이킹 소다, 시나몬 파우더, 소금을 모두 볼에 섞어 한 번에 넣어도 상관없습니다.

고급스러운 맛이 일품인 쿠키랍니다.
라즈베리잼뿐만 아니라 살구잼이나 블랙베리잼, 무화과잼 등
여러 가지 잼으로 구우면 골라먹는 재미도 있어요.

손가락으로 꾹 눌러주세요

엄지 쿠키
Thumbprints cookie

준비할 것

□ 아몬드 슬라이스 ½컵 (60g)
□ 설탕 ½컵
□ 버터 1컵
□ 달걀 1개
□ 바닐라액 2작은술
□ 중력분 2컵
□ 소금 ½작은술
□ 라즈베리잼 ½~1컵

아이싱
□ 슈거파우더 ½컵
□ 우유 2큰술
□ 바닐라액 ½작은술

만드는 법

1 푸드 프로세서에 아몬드 슬라이스와 설탕을 곱게 간다.
2 버터를 넣고 돌린다.
3 달걀과 바닐라액을 넣고 반죽이 부드러워질 때까지 돌린다.
4 중력분과 소금을 넣고 반죽이 뭉쳐질 때까지 돌린다.
5 동그랗게 빚어 팬닝하고, ½작은술짜리 계량스푼으로 가운데를 누른다.
6 라즈베리잼을 작은 지퍼백에 담고 모서리를 자른 후 쿠키 반죽 위에 짠다.
7 190℃로 예열한 오븐에 10~12분 굽는다.
8 아이싱 재료를 모두 섞고 쿠키가 식으면 아이싱을 뿌린다.

* 버터와 달걀은 모두 실온의 것을 사용하세요.
* 아몬드 슬라이스 대신 아몬드 파우더 60g을 써도 됩니다.
* 계량스푼으로 쿠키 반죽을 누를 때 밀가루를 묻혀서 누르면 들러붙지 않아요.
* 아이싱의 우유는 질기를 보아가며 조절하세요. 너무 질어지지 않도록 주의하세요.

진한 버터 맛의 고소함이 고급스러운 쿠키입니다.
아이들은 물론이고 어른들이 더 좋아하는 쿠키입니다.

고소하고 부드러운 맛에 어른도 좋아하는
갈레트 쿠키
Galette cookie

준비할 것

- □ 버터 125g
- □ 설탕 55g
- □ 소금 ½작은술
- □ 달걀노른자 1개
- □ 바닐라액 1작은술
- □ 박력분 110g
- □ 베이킹파우더 ½작은술
- □ 아몬드 파우더 75g
- □ 달걀물 약간

만드는 법

1. 버터와 설탕을 크림화한 후 노른자와 바닐라액을 넣고 볼륨이 나도록 휘핑한다.
2. 마른 가루류를 넣고 부드러운 반죽이 될 때까지 섞는다.
3. 반죽을 랩에 싸서 냉장고에 잠시 휴지한 후, 5~8mm 두께로 밀어 쿠키커터로 찍어 낸다.
4. 쿠키 시트에 팬닝한 후 달걀물을 바르고 모양을 내준다.
5. 190℃로 예열한 오븐에 15~20분 동안 색을 보아 가며 굽는다.

* 버터와 달걀은 실온의 것을 사용하세요.
* 덧밀가루를 사용하면서 밀대로 밀어주세요.
* 달걀물은 달걀 1개와 물 1큰술을 잘 섞어서 만듭니다.
* 달걀물을 바르기 전에 덧밀가루는 붓으로 제거해주세요.
* 진한 색을 원하면 달걀물을 한 번 바르고 조금 마른 후에 다시 한 번 바르세요.

무척 고급스러운 타르트라 모두들
어려울 거라고 생각하지만 간단하게 만드는 레시피가 있습니다.
오후 티타임에 잘 어울리는 디저트랍니다.
따뜻한 차와 타르트 한 조각 어떠세요?

Refresh Recipe

티타임에 어울리는 달콤한 맛
서양배 타르트
Tarte bourdaloue

준비할 것

1컵 = 240㎖

타르트지
- □ 버터 ½컵
- □ 실온의 크림치즈 85g
- □ 중력분 1컵

배 조림
- □ 서양배 3개
- □ 물 4컵
- □ 설탕 ⅔컵
- □ 레몬즙 1큰술

아몬드 필링
- □ 아몬드 파우더 ½컵
- □ 설탕 ½컵
- □ 실온의 버터 ½컵
- □ 밀가루 2큰술
- □ 달걀 1개
- □ 바닐라액 1작은술

토핑
- □ 살구잼 약간

만드는 법

1. 서양배는 껍질을 벗기고 씨를 제거한다.
2. 배 조림의 재료를 모두 팬에 넣고 너무 무르지 않게 조린다.
3. 타르트지 재료를 모두 푸드 프로세서에 넣고 반죽이 어느 정도 뭉치도록 돌린다.
4. 살짝 반죽을 뭉친 다음, 밀대로 밀어 타르트지에 팬닝한다.
5. 아몬드 필링 재료를 모두 푸드 프로세서에 넣고 부드러운 반죽이 될 때까지 돌린다.
6. 준비한 타르트지에 필링을 펴준 후, 조린 배를 슬라이스해서 올린다.
7. 200℃로 예열한 오븐에 35~40분 굽는다.
8. 데운 살구잼을 윗면에 발라준다.

---

* 서양배를 조릴 때는 너무 물러지지 않도록 조심하세요.
* 서양배 통조림을 사용해도 됩니다.
* 타르트지는 미리 프리베이크를 해서 사용해도 좋아요. 200℃에서 8분 정도 구우면 됩니다.
* 아몬드 필링과 타르트지의 색이 나면 은박지를 씌워 타지 않게 해주세요.
* 서양배뿐만 아니라 사과, 무화과, 살구 등 다른 과일(또는 통조림)을 사용해도 좋아요.

흔한 애플파이와 달리 부드러운 맛이 너무 매력적인 파이랍니다.
새콤한 사과와 부드러운 필링, 달콤한 크럼블의 조화가 환상적이랍니다.
늦은 오후에 차 한 잔 곁들여 우아하게 드세요.

정통 아메리칸 스타일 그대로
사워크림 애플파이
Sour cream apple pie

준비할 것

 1컵=240㎖

☐ 파이지 1장

필링
☐ 사과 작은 것 3개
☐ 달걀 1개
☐ 설탕 ½컵
☐ 사워크림 1컵
☐ 바닐라액 2작은술
☐ 중력분 3큰술
☐ 소금 ¼작은술

크럼블
☐ 중력분 ½컵
☐ 차가운 버터 3큰술
☐ 황설탕 3큰술
☐ 시나몬 파우더 ½작은술

만드는 법

1 볼에 달걀, 설탕을 넣고 미색이 돌 때까지 휘핑한 다음, 사워크림과 바닐라액을 넣고 섞는다.
2 중력분과 소금을 넣고 섞는다.
3 껍질을 벗기고 잘게 썬 사과를 넣고 섞는다.
4 준비한 파이지에 필링을 부어 200℃로 예열한 오븐에 20분 굽는다.
5 파이가 구워지는 동안 크럼블을 만든다. 푸드 프로세서에 중력분, 차가운 버터, 황설탕, 시나몬 파우더를 넣고 곱게 갈아준 다음 냉장고에 넣어둔다.
6 파이를 꺼내 크럼블을 올려준 후 온도를 180℃로 내려 25~30분 더 굽는다.

* 사과는 너무 얇게 썰지 마세요. 아삭하게 씹히는 게 더 맛있어요.
* 크럼블은 푸드 프로세서를 사용하면 편리하지만 손으로 비비거나 스패츌러를 사용해도 됩니다.
* 파이지가 탈 수 있으니 색이 나면 은박지를 씌워주세요.

스펀지케이크에 딸기잼과 생크림을 바른 간단하지만 맛있는 케이크랍니다.
꾸미지 않아도 촌스럽지 않은 케이크지요.
폭신한 스펀지케이크에 달콤한 딸기잼과 부드러운 생크림이 어우러져
오후 티타임이나 생일 케이크로 아주 좋아요

꾸미지 않은 그대로도 멋진
빅토리아 케이크
Victoria cake

준비할 것

쉬폰케이크
- 달걀노른자 5개
- 달걀흰자 7개
- 설탕 120g
- 식용유 80㎖
- 우유 80㎖
- 바닐라액 1작은술
- 박력분 130g
- 베이킹파우더 ½작은술
- 소금 ½작은술

생크림
- 휘핑크림 240㎖
- 슈거파우더 2큰술
- 바닐라액 ½작은술

- 딸기잼 ½컵

만드는 법

1 달걀노른자와 설탕 50g을 연한 미색이 돌 때까지 휘핑한 후 식용유, 우유, 바닐라액을 살짝 데워 넣고 휘핑한다.

2 박력분, 베이킹파우더, 소금을 체에 쳐서 넣고 섞는다.

3 다른 볼에 흰자를 넣고 설탕 70g을 세 번 정도 나누어 넣어가며 단단한 머랭을 낸다.

4 머랭의 반을 1에 넣고 훌훌 섞는다.

5 나머지 머랭을 넣고 스패출러로 살살 섞는다.

6 팬에 붓고 젓가락으로 젓는다.

7 170℃로 예열한 오븐에 45~50분 굽는다.

8 팬을 뒤집어 완전히 식힌다.

9 생크림 재료를 모두 단단하게 휘핑한 다음, 반을 자른 스펀지케이크에 딸기잼과 같이 샌드한다.

---

* 딸기나 다른 베리류를 곁들이면 좋아요.
* 딸기잼이나 생크림은 기호에 따라 양을 조절하세요.

PART 4

온 가족이 함께 즐기는,
디너 레시피

Dinner Recipe

—

디너 레시피

AGLIO E OLIO / SHRIMP SCAMPI / SALMON MARINADE / PESTO CHICKEN / PORK TENDERLOIN
BEEF STROGANOFF / PORK CHOP AND BROCCOLINI / CHICKEN CACCIATORE / ZUCCHINI PARMESAN
SALADE NICOISE / SHRIMP CURRY AND COCONUT CHUTNEY / POT ROAST / SHEPHERD'S PIE / IRISH STEW
TACO & TACO RICE / SALMON CASSEROLE / BEER BREAD / GREEN GODDESS RICE / MASHED POTATO
BRUSSELS SPROUT / COLD PASTA SALAD / CHICKEN FAJITA / HOMEMADE SLOPPY JOE / MUG CAKE
BASIC POUND CAKE / CARROT CAKE / DATE AND NUT CAKE / PUMPKIN CHEESE CAKE PIE / PECAN PIE

칼칼한 갈릭 오일만으로도 이렇게 간단하고 맛있는 파스타가 탄생됩니다.
어른 아이 할 것 없이 누구나 좋아하는 파스타죠.
이젠 레스토랑까지 갈 필요 없이 집에서 맛있게 만들어 드세요.

담백한 맛의 파스타
알리오 올리오
Aglio e olio

준비할 것

- ☐ 파스타 면 200g
- ☐ 올리브오일 ½컵
- ☐ 통마늘 5개(슬라이스)
- ☐ 레드페퍼 플레이크 ½작은술
- ☐ 다진 파슬리 3큰술
  (말린 것은 1큰술)
- ☐ 파스타 삶은 물 ½컵
- ☐ 소금, 후추 약간씩

만드는 법

1. 끓는 물에 소금을 살짝 넣고 파스타 면을 7~8분 정도 삶는다.
2. 예열한 팬에 올리브오일, 마늘 슬라이스, 레드페퍼 플레이크를 넣고 마늘이 노릇해질 때까지 볶아주면서 갈릭 오일을 만든다.
3. 삶은 파스타 면을 갈릭 오일에 넣은 다음 다진 파슬리를 넣고 버무린다.
4. 파스타 면 삶은 물을 넣으며 소스의 농도를 조절한다.
5. 소금, 후추를 뿌려 간한다.

* 파스타 면은 링귀니나 페투치니 같은 두꺼운 면을 사용해도 됩니다.
* 파스타 삶은 물은 한 컵 정도 남겨두었다가 소스 농도를 조절할 때 쓰면 유용합니다.
* 마늘은 타면 쓴맛이 날 수 있으니 타지 않도록 조심하세요.
* 레몬즙이나 레몬필을 넣어도 향이 좋아요.
* 파르메산 치즈를 토핑으로 뿌려도 좋아요.

한번 해보면 보기보다 간단해서 놀라는 음식입니다.
저는 새우랑 파스타 면을 워낙 좋아해서 자주 해먹어요.
바쁜 저녁에 간단하게 먹기도 좋고, 손님 초대에도 아주 좋은 음식이랍니다.

통통한 새우가 씹히는 파스타
쉬림프 스캠피
Shrimp scampi

준비할 것

1컵 = 240㎖

- □ 파스타 면 226g
- □ 새우 400~450g
- □ 올리브오일 ⅓컵
- □ 통마늘 2개(슬라이스)
- □ 레드페퍼 플레이크 ½작은술
- □ 소금 ½작은술
- □ 후추 ½작은술
- □ 화이트와인 ⅓컵
- □ 차가운 버터 2큰술
- □ 레몬 1개(주스)
- □ 다진 파슬리 ⅓컵
   (말린 것은 1큰술)
- □ 파르메산 치즈 적당량(옵션)

만드는 법

1. 새우, 올리브오일, 마늘 슬라이스, 레드페퍼 플레이크, 소금, 후추를 볼에 넣고 조물조물 섞는다.
2. 달군 팬에 1을 넣고 새우가 연한 핑크색이 되도록 살짝 익힌 다음, 접시에 꺼내둔다.
3. 같은 팬에 화이트와인을 넣고 알코올이 날아가도록 끓인 다음 차가운 버터를 넣고 저어주며 걸쭉한 소스를 만든다.
4. 볶아놓은 새우와 삶은 면, 파슬리를 넣고 버무린다.
5. 레몬즙을 넣고 한 번 더 버무린다.
6. 소금, 후추로 간을 한다.

* 파스타 면은 좋아하는 종류로 아무것이나 써도 좋고, 파스타 면 대신 밥 위에 얹어도 맛있습니다.
* 좀 더 걸쭉하고 진한 맛을 원할 경우, 올리브오일 대신 버터를 사용하세요.
* 기호에 따라 파르메산 치즈를 넣어도 좋아요.

미국인들도 반한 간장 소스와 디종 머스터드가 만나 퓨전 연어요리가 탄생했어요.
식구들의 저녁 식사로도 좋고 손님 초대상에도 너무 좋은 메뉴랍니다.

Dinner Recipe

간장 소스가 더욱 맛있는
마리네이드 연어구이

Salmon marinade

준비할 것

□ 연어 450g

간장 소스
□ 간장 1½큰술
□ 디종 머스터드 1큰술
□ 다진 마늘 1작은술
□ 황설탕 1작은술
□ 올리브오일 3큰술

만드는 법

1 연어는 3~4조각으로 토막 낸 후 페이퍼타월로 물기를 제거한다.
2 소스 재료를 볼에 걸쭉하게 섞는다.
3 연어를 소스에 30분 정도 재워둔다.
4 예열한 팬에 노릇하게 굽는다.

* 오븐에 구울 때는 180℃로 예열한 오븐에 12~15분 정도 구우세요.

미국에서 바질은 저렴하고 구하기 쉬운 재료라 다양한 요리에 자주 사용합니다.
바질과 시금치 잎을 섞어서 페스토를 만들어보세요.
보기에도 좋고 맛도 좋고, 건강에도 좋은 것은 당연하지요.
한번 만들어놓으면 두고두고 유용한 레시피랍니다.

시금치, 호두, 바질이 들어간
페스토 치킨
Pesto chicken

준비할 것

- 닭가슴살 4개
- 페스토 ½~⅓컵
- 레몬 1개(또는 레몬주스)
- 소금, 후추 약간

만드는 법

1. 페스토, 레몬주스, 소금, 후추를 섞는다.
2. 지퍼백에 닭고기를 넣어준 후 양념이 배도록 조물거리고 30분 정도 재운다.
3. 올리브오일을 살짝 두른 팬에 노릇하게 굽는다.

페스토 보관법

* 페스토는 얼음 박스에 넣어서 보관해두었다가 필요할 때마다 꺼내 쓰면 편리하다.

Dinner Recipe

바질을 사용한 페스토 만들기

준비할 것

1컵 = 240㎖

☐ 호두 ½컵
☐ 마늘 2쪽
☐ 소금 ½작은술
☐ 바질 잎 1컵
☐ 시금치 잎 2컵
☐ 올리브오일 ½컵
☐ 파르메산 치즈 ½컵

만드는 법

1 호두는 팬에 살짝 굽는다.

2 푸드 프로세서에 호두, 마늘, 소금을 갈아준다.

3 바질 잎과 시금치 잎을 넣고, 올리브오일을 조금씩 넣어준 다음, 파르메산 치즈를 넣고 갈아 부드러운 페스토를 만든다.

---

* 호두 대신 잣을 사용해도 됩니다.
* 색이 검게 변하는 것이 신경 쓰인다면 바질 잎과 시금치 잎을 살짝 데친 후 물기를 짜서 사용하세요.
* 파스타뿐만 아니라 여러 요리에 응용해보세요(고기, 생선, 감자, 채소요리 등).

포크 텐더로인은 기름기가 없는 부위라서 다이어트에도 좋지요.
이름 그대로 아주 부드러운 부위이기도 하구요.
두 가지 마리네이드 모두 아주 맛있답니다.
특별한 저녁 메뉴로 좋아요.

두 가지 소스로 마리네이드한
포크 텐더로인
Pork tenderloin

준비할 것

1컵 = 240㎖

포크 텐더로인 680g짜리 2개분

발사믹 마리네이드
- 발사믹 식초 ⅓컵
- 올리브오일 ½컵
- 간장 2큰술
- 황설탕 1½큰술
- 후추 ⅓작은술
- 다진 마늘 2큰술
- 말린 로즈마리 1~2작은술

데리야키 마리네이드
- 간장 ½컵
- 레드와인(요리술) 1큰술
- 꿀 1큰술
- 황설탕 1큰술
- 다진 마늘 2큰술
- 시나몬 파우더 ½작은술
- 소금, 후추 ½작은술씩

만드는 법

1. 각각의 마리네이드 재료를 모두 섞은 후 포크 텐더로인과 함께 지퍼백에 넣어 4시간 이상 재운다.
2. 달군 팬에 겉면을 고루 익혀준 후 180℃로 예열한 오븐에 25~30분 정도 굽는다.
3. 은박지를 씌워 10분 정도 두었다가 썰어 내놓는다.

* 돼지고기뿐만 아니라 소고기, 닭고기를 재워도 좋아요.
* 남은 고기는 슬라이스해서 샌드위치나 볶음밥을 만들어도 맛있어요.

연한 소고기와 사워크림이 들어간 크리미한 소스가
어우러진 든든한 한 그릇 음식이지요.
파스타나 에그누들 또는 밥이랑 먹어도 아주 맛있답니다.
질이 좋은 연한 소고기를 사용하면 더 좋아요.

저녁 식탁을 더욱 풍성하게
비프 스트로가노프
Beef stroganoff

준비할 것

- 에그누들 340g
- 스테이크용 연한 소고기 450g
- 양송이버섯 슬라이스 3컵
- 양파 1개
- 버터 2큰술
- 올리브오일 2큰술
- 중력분 ¼컵
- 비프 브로스(육수) 2컵
- 화이트와인 ½컵
- 우스터소스 1작은술
- 사워크림 1컵
- 말린 테라곤 ½작은술
- 소금, 후추 약간씩
- 다진 파슬리 약간

만드는 법

1. 에그누들은 끓는 물에 6~8분 정도 삶아서 준비한다.
2. 소고기는 얇게 슬라이스해서 버터에 볶은 다음 접시에 꺼내놓는다.
3. 같은 팬에 올리브오일을 두르고 양파 슬라이스, 버섯, 테라곤을 볶는다. 와인을 넣고 살짝 볶다가 비프 브로스에 밀가루를 섞어 넣고, 우스터소스와 소고기 볶은 것도 넣고 끓인다.
4. 소스가 약간 걸쭉해지고 채소가 익으면 사워크림을 넣어 크리미한 소스를 만든다.
5. 다진 파슬리를 넣고 소금, 후추로 간한다.
6. 물기 뺀 에그누들과 함께 담아낸다.

만드는 방법은 간단하지만 멋스러운 디너 요리입니다.
저는 브로콜리니를 사용했지만 아스파라거스나 다른 좋아하는 채소와 함께 만드세요.
저녁 식탁이 한층 풍성해집니다.

DINNER RECIPE 07

채소와 고기를 한 번에

폭찹 & 브로콜리니
Pork chop & Broccolini

준비할 것

1컵 = 240㎖

폭찹
□ 폭찹 2조각

시즈닝
□ 갈릭파우더 1작은술
□ 파프리카 가루 ½작은술
□ 소금 ½작은술
□ 후추 ½작은술
□ 밀가루 ½컵

브로콜리니
□ 브로콜리니 1팩(227g)
□ 마늘 2개
□ 레드페퍼 플레이크 ½작은술
□ 올리브오일 2큰술

만드는 법

1 시즈닝 재료를 모두 섞어 폭찹 양면에 뿌려 문질러 둔다.
2 밀가루옷을 살짝 입혀 올리브오일에 노릇하게 튀겨낸다.
3 브로콜리니는 끓는 물에 살짝 데친다.
4 올리브오일에 마늘 슬라이스와 레드페퍼 플레이크를 볶은 후 데친 브로콜리니를 넣고 볶는다.
5 구운 폭찹과 함께 접시에 담아낸다.

담백한 닭고기와 채소 그리고 자작한 국물이 있어서
에그누들이나 파스타, 밥 위에 올리면 좋은 한 그릇 디너입니다.
맵지 않아 아이들이 더 좋아한답니다.
뼈 있는 닭고기를 사용하면 더욱 깊은 맛이 나서 좋아요.

Dinner Recipe

내 맘대로 만드는 이탈리아식 닭볶음탕

치킨 카시아토레

Chicken Cacciatore

준비할 것

1컵 = 240㎖

- 에그누들 340g
- 닭가슴살 작은 것 6개
  (큰 것은 3개)
- 소금, 후추 약간씩
- 중력분 ½컵
- 올리브오일 4큰술
- 다진 생 바질 ½컵(토핑용)
- 양파 1개
- 레드 벨페퍼 1개
- 마늘 4개
- 양송이버섯 8개
- 토마토 통조림 1개(2컵)
- 화이트와인 1컵(또는 닭 육수)
- 이탈리안 시즈닝 1½ 작은술
- 레드페퍼 플레이크 ½작은술

만드는 법

1. 양파, 레드 벨페퍼, 양송이버섯은 큼직하게 슬라이스해서 준비한다. 닭가슴살은 소금, 후추를 뿌려 간을 하고 밀가루 옷을 얇게 입힌다.
2. 올리브오일 2큰술을 두른 팬에 닭가슴살을 노릇하게 구워준 후 접시에 담는다.
3. 같은 팬에 올리브오일 2큰술을 더 두르고 마늘과 채소를 모두 넣고 볶는다.
4. 화이트와인을 넣고 채소가 어느 정도 익을 때까지 볶은 후 토마토 통조림, 이탈리안 시즈닝, 레드페퍼 플레이크를 넣는다.
5. 익힌 닭고기를 잠기게 넣고 20~30분 정도 중간불로 익힌다.
6. 소금, 후추로 간을 하고 다져놓은 생 바질을 뿌린다.
7. 닭고기가 익는 동안 에그누들을 삶아 준비한다.
8. 큰 접시에 에그누들을 펴서 담고 닭고기와 채소를 넣은 후 소스를 고루 뿌린다.

* 닭가슴살 대신 허벅지살이나 닭 한 마리를 잘라 사용해도 됩니다.
* 이탈리안 시즈닝 대신 말린 오레가노나 로즈마리 또는 타임 등 좋아하는 허브를 섞어 써도 좋아요.
* 에그누들 대신 파스타나 밥과 함께해도 아주 좋습니다.

파스타를 곁들이면 한 끼 식사로도 거뜬하지요.
주키니가 없으면 애호박이나 가지로 똑같이 요리해도 좋아요.
입맛 없는 여름에 잘 어울리는 요리입니다.

여름에 어울리는 요리
주키니 파르메산
Zucchini parmesan

준비할 것

☐ 주키니 중간 크기 2개

☐ 중력분 1컵
☐ 빵가루 2컵
☐ 다진 파슬리 ½컵(말린 것 1큰술)
☐ 파르메산 치즈가루 ½컵
☐ 모차렐라 치즈 1컵
☐ 파스타용 토마토소스 2컵

달걀물
☐ 달걀 2개
☐ 물 2큰술

만드는 법

1. 주키니는 5mm로 썰어서 베이킹 팬에 펴준 후 소금을 뿌려 20분 정도 두었다가 페이퍼타월로 물기를 닦는다.
2. 빵가루, 다진 파슬리, 파르메산 치즈가루를 섞는다.
3. 지퍼백에 주키니를 담고 중력분을 담아 흔들어서 밀가루 옷을 입힌다.
4. 달걀물, 2의 빵가루 순으로 옷을 입힌다.
5. 기름에 노릇하게 튀긴다.
6. 베이킹용 접시에 토마토소스, 주키니, 모차렐라 치즈를 반복해서 담는다.
7. 200℃로 예열한 오븐에 20분 정도 굽는다.

* 주키니 대신 가지를 사용해도 맛이 좋아요.
* 마늘 슬라이스를 볶아서 중간중간 같이 담아줘도 좋아요.
* 주키니는 기름에 굽거나 튀기지 않고 베이킹 시트에 펴서 200℃로 예열한 오븐에 8~10분 정도 구워도 됩니다.

사이드보다 메인으로 더 어울리는 영양 가득한 샐러드입니다.
달걀과 참치가 들어가서 든든하고, 토마토와 양상추의 신선함이 좋아요.
무엇보다 색감이 참 예뻐서 손님이 왔을 때 대접하기 좋은 샐러드랍니다.

Dinner Recipe

메인으로 즐기는
니수아즈 샐러드
Salade nicoise

준비할 것

1컵=240㎖

- 로메인 상추(또는 양상추) 300g
- 토마토 2개
- 삶은 달걀 2개
- 그린빈 삶은 것 225g
- 칼라마타 올리브 ½컵
- 참치 통조림 1캔
- 빨간 감자 삶은 것 1개

기본 드레싱
- 레몬즙 또는 레드와인 비네거 ¼컵
- 올리브오일 ½컵
- 꿀 1작은술
- 디종 머스터드 1작은술
- 소금, 후추 약간씩

만드는 법

1. 모든 드레싱 재료를 밀폐용기에 넣고 흔들어 드레싱을 만든다. 소금, 후추로 간한다.
2. 깨끗이 씻은 양상추를 먹기 좋은 크기로 썰어 큰 접시에 펴 담는다.
3. 토마토, 삶은 달걀, 감자, 칼라마타 올리브는 먹기 좋은 크기로 썰어준 후 양상추 위에 모양을 내서 담는다.
4. 그린빈 삶은 것에 드레싱을 1큰술 정도 넣어 버무린 후 양상추 위에 담는다.
5. 참치 통조림은 물기와 기름기를 제거하고 담는다.
6. 드레싱을 골고루 뿌린다.

* 재료들은 따로 담아도 되지만 모두 섞어서 드레싱에 버무려 담아도 됩니다.
* 드레싱을 만들 때 샬롯이나 다진 양파, 다진 마늘과 좋아하는 허브를 넣어도 좋아요.
* 칼라마타 올리브는 보라색의 시큼하고 짭조름한 올리브입니다. 블랙 올리브로 대체해도 됩니다.

인도식 카레를 무척 좋아하는 가족들을 위해 자주 만드는 요리입니다.
코코넛 처트니는 영국 친구에게 배운 레시피인데요,
나초칩과 함께 애피타이저로 먹으면 더욱 좋고, 생선요리와도 잘 어울립니다.

삶은 달걀을 곁들인

인도식 새우 카레 & 코코넛 처트니

Shrimp Curry & Coconut chutney

준비할 것

1컵=240㎖

인도식 새우 카레
- ☐ 새우 큰 것 25~30개
- ☐ 다진 생강 2작은술
- ☐ 다진 마늘 2작은술
- ☐ 코리앤더 가루 2작은술
- ☐ 강황가루 1작은술
- ☐ 칠리 파우더 1작은술
- ☐ 후추 ½작은술
- ☐ 올리브오일 2큰술
- ☐ 양파 1개
- ☐ 다진 실란트로(고수) ½컵
- ☐ 라임 1개(또는 주스)
- ☐ 코코넛 밀크 1컵
- ☐ 다진 토마토 1컵
- ☐ 삶은 달걀 4개
- ☐ 소금 ½작은술

만드는 법

1. 새우, 다진 생강, 다진 마늘, 코리앤더 가루, 강황가루, 칠리 파우더, 후추, 올리브오일을 넣고 조물조물해서 양념이 배게 한다.
2. 달군 팬에 슬라이스한 양파와 재워두었던 새우를 넣고 새우가 살짝 익을 때까지 볶는다.
3. 코코넛 밀크, 다진 토마토를 넣고 끓인다.
4. 새우가 분홍색으로 익으면 라임을 짜서 넣는다.
5. 불을 끄기 전에 삶은 달걀과 다진 실란트로 잎을 넣고 소금으로 간한다.

* 새우와 양파를 볶을 때 따로 올리브오일을 넣을 필요는 없지만 필요하면 1~2큰술 정도 넣으세요.
* 새우 대신 닭고기를 사용해도 좋아요.
* 삶은 달걀을 넣을 때는 칼집을 조금 넣어 양념이 스며들도록 해주세요.
* 실란트로의 양은 기호에 따라 조절하세요.

과일, 채소, 식초, 향신료를 넣어 버무린 인도식 조미료 처트니는
나초를 찍어먹기도 하고 잉글리시 머핀에 발라 먹기도 해요.
재료를 달리해서 여러 종류의 처트니에 도전해보세요.

Dinner Recipe

코코넛 처트니 만들기

준비할 것

- □ 양파 ½개
- □ 코코넛 ½컵
- □ 실란트로 1컵
- □ 라임주스 3개분
- □ 다진 그린 칠리 1~2개
- □ 소금, 후추 약간씩

만드는 법

1. 모든 재료를 믹서기나 푸드 프로세서에 넣고 곱게 간다.
2. 소금, 후추로 간을 한다.

* 올리브오일이나 사워크림, 요구르트를 적당량 넣으면 더 부드러워집니다.
* 라임 대신 레몬즙을, 그린 칠리 대신 청양고추를 사용해도 좋아요.

한겨울에 생각나는 팟 로스트입니다.
만들 때마다 하루 종일 맛있는 냄새가 집 안에 맴돌아 마음까지 따뜻해집니다.

천천히 익힌 소고기의 부드러운 맛
팟 로스트
Pot roast

준비할 것

1파운드=453g

- 소고기 덩어리 3파운드
  (약 1.3kg)
- 양파 큰 것 1개
- 당근 큰 것 2개
- 샐러리 2스틱
- 사과 1개

녹말물
- 물 ⅓컵
- 전분 2큰술

소스
- 레드와인
  (또는 비프 브로스) ⅔컵
- 토마토 페이스트 ⅓컵
- 발사믹 비니거 3큰술
- 말린 로즈마리 1작은술
- 올스파이스 1작은술
- 소금, 후추 약간씩
- 크러시드 레드페퍼
  ½작은술
- 시나몬 스틱 2개

만드는 법

1. 소고기 덩어리는 페이퍼타월로 눌러 피를 제거한다.
2. 사과를 제외한 모든 채소를 큼직하게 썰어준다.
3. 소스 재료를 한데 넣고 섞어 소스를 만든다.
4. 슬로쿠커에 양파를 깔고 그 위에 고기를 얹고 소스를 고기 위에 붓고, 시나몬 스틱을 안쪽에 넣는다.
5. 당근, 샐러리를 고기 위에 얹은 후 뚜껑을 덮고 약한 불로 6시간, 강한 불로 3시간 둔다.
6. 사과를 썰어 넣은 다음, 뚜껑을 덮고 1시간 반~2시간 더 둔다.
7. 시나몬 스틱을 건져내고 녹말물을 넣어 국물이 걸쭉해지게 만든다.

* 시나몬 스틱 대신 시나몬 파우더를 1작은술 넣어도 됩니다.
* 채소는 모두 큼직하게 썰어주세요. 오랜 시간 요리하기 때문에 너무 작게 썰면 물러요.
* 채소는 기호에 맞게 모두 넣어도 됩니다 (레드, 그린 벨페퍼, 단호박, 감자 등).
* 육즙이 많이 빠져 나오는 게 걱정된다면 고기 덩어리를 올리브오일에 겉면만 노릇하게 구워준 후 넣어주세요.
* 슬로우쿠커 대신 오븐을 써도 됩니다. 오븐에 구울 때는 180℃에서 3~4시간 구워주세요.
* 녹말물은 조금씩 넣어가면서 국물의 질기를 조절하세요.

영국의 전통요리로 모든 영양소가 한 그릇에 담긴 음식입니다.
만드는 방법도 간단하고 맛도 일품인 요리예요.
샐러드를 곁들이면 저녁 메뉴로 아주 좋아요.
미리 만들어 두었다가 오븐에 데워 먹으면 간단합니다.

거뜬한 한 끼 요리
셰퍼드 파이
Shepherd's pie

준비할 것

- 소고기 간 것 1파운드
- 올리브오일 1큰술
- 양파 1개
- 당근 1개
- 레드, 그린 벨페퍼 ½개씩
- 냉동 완두콩 1컵
- 비프 브로스(육수) 1½컵
- 녹말가루 1큰술
- 우스터소스 1작은술
- 소금, 후추 약간씩

매시드 포테이토
- 감자 4개
- 사워크림 ⅓컵
- 생크림 ⅓컵
- 버터 1큰술
- 소금, 후추 약간씩

- 체다 치즈 간 것 ½컵

만드는 법

1. 달군 팬에 소고기 간 것을 볶는다. 기름기는 모두 버린다.
2. 채소를 다진 다음 올리브오일을 넣고 같이 볶는다.
3. 작은 볼에 비프 브로스와 녹말가루, 우스터소스를 섞어 넣은 후 냉동 완두콩도 넣어 끓이고 소금, 후추로 간한다.
4. 베이킹 접시에 담아둔다.
5. 감자는 껍질을 벗겨 작게 잘라서 삶은 다음, 물을 따라 버린다.
6. 버터, 생크림, 사워크림을 넣고 부드럽게 으깬 다음, 소금, 후추로 간을 해서 매시드 포테이토를 만든다.
7. 4의 고기 필링 위에 6을 잘 펴서 담고 체다 치즈를 올린다.
8. 190℃의 오븐에서 치즈가 노릇하게 녹을 때까지 20분 정도 굽는다.

* 다진 샐러리를 넣어도 좋아요.
* 치즈 토핑은 생략해도 됩니다.
* 매시드 포테이토를 만들 때 사워크림과 생크림의 양은 질기를 봐가면서 조절하세요.

날씨가 쌀쌀해지면 생각나는 국물 요리지요.
한국의 찌개가 생각나는 요리이기도 하고요.
밥 한 그릇에 아이리시스튜 한 그릇이면 몸과 마음이 모두 따뜻해지는 기분이 듭니다.

Dinner Recipe

마음까지 따뜻해지는 진한 맛
아이리시스튜
Irish stew

준비할 것

- 소고기 700g
- 올리브오일 ½컵
- 다진 마늘 1큰술
- 비프 브로스(육수) 5컵
- 맥주 2컵
- 토마토 페이스트 2큰술
- 설탕 1큰술
- 말린 타임 1작은술
- 우스터소스 1큰술
- 파프리카 ½작은술
- 소금, 후추 약간씩
- 다진 파슬리 2큰술

- 버터 2큰술
- 감자 2개
- 양파 1개
- 당근 2개
- 샐러리 2스틱

만드는 법

1 소고기는 먹기 좋게 깍둑썰기를 해서 소금, 후추로 간한다.
2 올리브오일을 두른 팬에 다진 마늘과 소고기를 겉면이 익도록 볶는다.
3 비프 브로스, 맥주, 토마토 페이스트, 설탕, 타임, 우스터소스, 파프리카를 넣고 1시간~1시간 반 정도 끓인다.
4 채소는 큼직하게 썰어 버터에 살짝 볶는다.
5 볶은 채소를 스튜에 넣고 30분 정도 더 끓인다.
6 소금, 후추로 간을 하고 다진 파슬리를 넣어준다.

* 맥주와 레드와인을 1컵씩 섞어 넣어도 됩니다.
* 좋아하는 허브를 넣어주어도 좋아요.

처음에는 '이게 밥이랑 어울릴까?' 하고 의아했는데
먹을수록 빠져드는 맛이랍니다.
파스타를 먹으면서 피클이나 김치를 같이 먹듯이 타코도 밥과 반찬 같다고나 할까요?
무엇보다 아이들이 정말 좋아하는 메뉴예요.

Dinner Recipe

DINNER RECIPE 15

일본에서 더 유명한 미국 요리

타코&타코라이스
Taco & Taco rice

준비할 것

- 소고기 간 것 1파운드
- 타코 시즈닝 1팩

- 물 ⅔컵
- 소프트 토르티야 10장
- 양상추 적당량
- 토마토 적당량
- 치즈 간 것 적당량
- 살사소스 적당량
- 사워크림 적당량

만드는 법

1 기름을 살짝 두른 팬에 갈아놓은 소고기를 볶는다.
2 기름기와 물기를 따라 버린다.
3 타코 시즈닝과 물 ⅔컵을 넣고 걸쭉하게 익힌다.
4 채소류는 채 썰어 준비한다.
5 접시 위에 토르티야를 깔고 타코와 채소, 치즈를 올린 다음, 살사소스와 사워크림을 곁들여 낸다.

* 타코 시즈닝은 집에서 직접 만들어서 사용해도 좋아요.
* 소고기 대신 닭고기나 칠면조 고기 간 것을 사용해도 좋아요.
* 소프트 토르티야 대신 밥 위에 얹어 먹어도 맛있답니다.

홈메이드 타코 시즈닝

- 칠리 파우더 1큰술
- 어니언 파우더 2작은술
- 큐민 가루, 갈릭파우더, 파프리카, 오레가노, 설탕 1작은술씩
- 소금, 후추 ½작은술씩
- 전분 1작은술

1 준비한 재료를 푸드 프로세서나 믹서기에 전부 넣고 갈아준다.

* 고기 453g을 기준으로 한 양입니다.

연어 캐서롤은 푸짐한 한 그릇 음식입니다.
미국에서는 참치 통조림을 사용한 참치 캐서롤을 많이 만드는데,
이 레시피는 연어 통조림을 사용했어요.
온가족이 둘러앉아 즐기면 저녁 시간이 더욱 정다워집니다.

영양 가득한 한 그릇
연어 캐서롤
Salmon casserole

준비할 것

1컵 = 240㎖

☐ 파스타 225g
☐ 체다 치즈 간 것 1컵

☐ 버터 3큰술
☐ 다진 양파 1컵
☐ 다진 샐러리 1컵
☐ 다진 레드 벨페퍼 ½컵
☐ 중력분 3큰술
☐ 우유 3컵
☐ 연어 통조림 2개
☐ 냉동 완두콩 1컵
☐ 말린 테라곤 1작은술
☐ 다진 파슬리 1큰술
☐ 소금, 후추 약간씩

만드는 법

1 달군 팬에 버터를 녹인 후 양파, 샐러리, 레드 벨페퍼 다진 것을 볶는다.
2 중력분을 넣고 1분 정도 볶은 다음, 우유를 넣고 걸쭉하게 끓인다.
3 냉동 완두콩, 테라곤, 파슬리 다진 것을 넣고 끓인다.
4 물기를 제거한 연어와 파스타 삶은 것을 소스에 넣고 버무린다.
5 오븐 그릇에 담고 체다 치즈를 뿌린다.
6 200℃로 예열한 오븐에 치즈가 노릇하게 녹을 때까지 20~25분 정도 굽는다.

* 연어 통조림 대신 기름과 물기를 제거한 참치 통조림을 사용해도 맛있습니다.
* 좀 더 부드러운 소스를 원한다면 사워크림을 ½컵 정도 넣으세요.
* 말린 테라곤은 타임 ½작은술로 대체해도 됩니다.
* 말린 파슬리를 쓸 경우, 1작은술 넣으면 됩니다.

사이드 메뉴로 너무 좋은 맥주빵입니다.
발효할 필요도 없어 만드는 방법도 간단하답니다.
술빵과 비슷한 맛이 나면서도 고소한 맛이 아주 좋아요.

저녁 식사와 곁들이는
맥주빵
Beer bread

준비할 것

1컵 = 240㎖

- 셀프 라이징 밀가루 3컵
- 설탕 ⅓컵
- 맥주 1병(1½컵)
- 버터 ¼~⅓컵

만드는 법

1 밀가루와 설탕을 큰 볼에 섞은 후 실온의 맥주를 부어 반죽을 살살 섞는다.
2 준비한 팬에 담는다.
3 180℃로 예열한 오븐에 45분 구운 다음, 녹인 버터를 반죽 위에 붓고 15분 더 굽는다.

* 셀프 라이징 밀가루 대신 박력분 3컵, 베이킹파우더 3작은술, 소금 1½작은술을 섞어 체에 친 후 사용해도 됩니다.
* 맥주는 실온의 것을 사용하세요.
* 버터가 탈 수 있으니 팬을 하나 덧대고 구워주세요.

좋아하는 재료를 모두 모아서

그린 가데스 라이스
Green goddess rice

DINNER RECIPE 18

좋아하는 재료를 모두 넣은 요리입니다.
바질과 아보카도가 들어가 색도 너무 예쁘고
바질 향과 부드러운 아보카도 소스가 섞여서
사이드 요리로 아주 좋아요.

준비할 것

 1컵 = 240㎖

- 롱그레인 라이스 1½컵
- 아보카도 1개
- 생 바질 잎 1컵
- 레몬주스 2큰술
- 올리브오일 3큰술
- 물 ½컵
- 소금, 후추 ½작은술씩

만드는 법

1. 롱그레인 라이스는 패키지에 쓰인 조리법대로 밥을 한다.
2. 나머지 재료 모두를 믹서기에 넣고 부드럽게 갈아준다.
3. 밥과 소스를 섞어준 다음 간을 한다.

---

* 롱그레인 라이스 대신 일반 쌀로 고슬고슬하게 지은 밥을 사용해도 됩니다.
* 소스는 사워크림 상태의 질기로 조절하세요. 물이 더 필요하면 1큰술씩 더 넣으세요.
* 소스와 밥은 먹기 직전에 섞으세요.

Dinner Recipe

저녁 식사와 곁들이는

매시드 포테이토
Mashed potato

가장 대중적으로 인기 있는 사이드 메뉴예요.
스튜나 고기 요리에 잘 어울린답니다.
사워크림과 생크림이 들어가서 부드럽고 맛있어요.
남은 매시드 포테이토로는 팬케이크를 만들거나
빵 반죽에 넣어 빵을 만들어도 좋아요.

준비할 것

- 감자 큰 것 4~5개
- 생크림 ½컵
- 사워크림 ½컵
- 버터 2큰술
- 소금, 후추 약간씩

만드는 법

1. 감자는 껍질을 벗겨 깍둑썰기를 해서 냄비에 물과 함께 끓인다.
2. 포크로 찔러보아 물컹하게 익으면 물을 버리고 볼에 담아 버터, 생크림, 사워크림을 넣고 부드럽게 으깬다.
3. 소금, 후추로 간한다.

---

* 감자는 작은 사이즈로 잘라주면 시간을 줄일 수 있어요.
* 감자는 찜통에 쪄도 좋아요.
* 질기를 조절할 때는 생크림과 사워크림을 조금 더 넣어서 조절하세요.
* 매시드 포테이토 팬케이크 레시피는 쿠킹 팁을 참고하세요.

방울 양배추라고도 불리는 브뤼셀 스프라우트는 벨기에의 브뤼셀에서 재배되어 온
양배추의 변종으로, 양배추와 아주 비슷하게 생겼어요.
양배추보다 쓴맛이 강해서 어른들이 좋아하는 맛이에요.
달콤한 발사믹 소스와 고소한 베이컨과 함께 고급스럽게 요리해보세요.

고급스러운 어른의 맛
브뤼셀 스프라우트
Brussels sprout

준비할 것

- □ 브뤼셀 스프라우트 20개 정도
- □ 베이컨 2장
- □ 올리브오일 2큰술
- □ 물 ½컵
- □ 발사믹 식초 ½컵
- □ 버터 1큰술
- □ 소금, 후추 약간씩
- □ 크랜베리 또는 건포도 ½컵 (옵션)

만드는 법

1. 브뤼셀 스프라우트는 반을 갈라 겉의 잎을 정리하고 깨끗이 씻어 물기를 제거한다.
2. 베이컨은 잘게 썰어 바삭하게 볶아둔다.
3. 달군 팬에 올리브오일을 두르고 자른 면을 아래로 해서 브뤼셀 스프라우트를 넣는다.
4. 밑면이 노릇하게 익으면 물 ½컵을 넣고 뚜껑을 덮어 익힌다.
5. 접시에 담아두고, 같은 팬에 발사믹 식초를 넣고 끓여서 반으로 졸이면 소스가 된다.
6. 차가운 버터 1큰술을 넣어 녹인 다음, 브뤼셀 스프라우트와 베이컨, 크랜베리, 소금, 후추를 넣고 살짝 볶아 소스를 골고루 입힌다.

* 물을 넣고 익힐 경우, 물이 더 필요하면 추가하세요. 이렇게 익히는 과정에서 특유의 아린 맛이 날아갑니다.
* 달콤한 크랜베리나 건포도를 넣으면 아주 잘 어울립니다.

이탈리아에서는 차가운 파스타를 메인 메뉴가 아닌 샐러드로 즐깁니다.
차가운 파스타 샐러드는 담백하고 신선해서 자꾸만 손이 가는 요리랍니다.
포트럭 파티의 단골 메뉴이기도 하지요.

Dinner Recipe

DINNER RECIPE 21

저녁 식사와 곁들이는
차가운 파스타 샐러드
Cold pasta salad

준비할 것

 1컵 = 240㎖

- ☐ 쇼트파스타 225g
- ☐ 체리토마토 1컵
- ☐ 블랙올리브 ½컵
- ☐ 양파 ½개
- ☐ 청피망 1개
- ☐ 페타 치즈 ½컵
- ☐ 이탈리안 드레싱 2컵

만드는 법

1. 파스타는 끓는 물에 7~8분 정도 삶아 식힌다.
2. 채소를 먹기 좋은 크기로 썬다.
3. 큰 볼에 파스타와 채소를 담고 이탈리안 드레싱을 뿌린 후에 버무린다.
4. 랩을 씌워 냉장고에 2시간 정도 차갑게 둔다.
5. 먹기 전에 치즈를 뿌려 버무린다.

* 파스타와 채소는 종류에 상관없이 기호에 따라 사용하세요.
* 햄이나 살라미 또는 페페로니를 넣어도 좋아요.
* 페타 치즈 대신 모차렐라 치즈를 써도 됩니다.
* 이탈리안 드레싱 대신 다른 시판용 드레싱을 쓰거나 시판용 드레싱 대신 올리브오일과 레몬즙을 2:1로 섞어 사용해도 됩니다.
* 바질이나 파슬리 다진 것을 넣으면 더 좋아요.

푸짐한 데다 한국인 입맛에 맞는 시즈닝 때문에
패밀리 레스토랑에 가면 자주 먹는 인기 메뉴죠.
이제부터는 집에서 특별한 저녁 메뉴로 간단하게 만들어 드세요.
스테이크나 새우로 요리해도 무척 맛있습니다.

누구에게나 인기 만점
치킨 파히타
Chicken fajita

준비할 것

1컵 = 240㎖

- ☐ 닭가슴살 500g
- ☐ 양파 1개
- ☐ 레드 벨페퍼 1개
- ☐ 그린 벨페퍼 1개

파히타 마리네이드
- ☐ 올리브오일 ½컵
- ☐ 설탕 1작은술
- ☐ 말린 오레가노 1작은술
- ☐ 칠리 파우더 1작은술
- ☐ 커민 가루 ½작은술
- ☐ 다진 마늘 2작은술
- ☐ 소금 ½작은술
- ☐ 후추 ½작은술
- ☐ 다진 실란트로(고수) 1큰술
- ☐ 라임주스(또는 레몬주스) 2큰술

만드는 법

1 마리네이드 재료를 모두 섞는다.
2 지퍼백에 닭가슴살과 마리네이드를 함께 넣고 4시간 이상 재워둔다.
3 그릴 팬에 닭가슴살을 노릇하게 굽는다.
4 채소는 따로 볶아 준비한 다음 닭고기와 같이 내 놓는다.

* 닭가슴살은 미리 썰어서 재워도 좋고, 채소와 함께 볶아도 좋아요.
* 마리네이드에 재워둔 닭가슴살은 최소 4시간 이상 하룻밤 정도 재워주세요.

슬로피 조를 먹을 때면 토마토 소스에 볶은 고기를 뚝뚝 흘리게 되어
이름 그대로 조금 지저분해(sloppy)질 수 있지만 아이들에겐 최고의 인기 메뉴입니다.
시판 소스로 쉽고 간편하게 만들 수도 있지만 건강한 홈메이드로 만들어보세요.

Dinner Recipe

다양하게 활용이 가능한
홈메이드 슬로피 조
Homemade sloppy joe

준비할 것

 1컵=240㎖

- □ 갈아 놓은 소고기 500g
- □ 올리브오일 1큰술
- □ 다진 양파 ½개
- □ 다진 피망(또는 벨페퍼) 1개
- □ 케첩 1½컵
- □ 토마토 소스 1컵
- □ 우스터소스 1큰술
- □ 옐로 머스터드 2큰술
- □ 황설탕 2큰술
- □ 소금 1작은술
- □ 후추 ½작은술

만드는 법

1. 먼저 팬을 달군 다음 소고기를 볶는다.
2. 기름기와 물은 따라 버린다.
3. 볶은 고기에 올리브오일과 채소를 넣고 볶는다.
4. 케첩과 토마토 소스, 나머지 양념 재료를 넣고 걸쭉해질 때까지 끓인다.
5. 토스트한 햄버거 번이나 핫도그 번에 넣는다.

* 다진 마늘 1큰술을 넣어도 됩니다.
* 좋아하는 채소는 모두 다져 넣을 수 있어요.
* 칠리 파우더를 1작은술 정도 넣어도 됩니다.
* 치즈를 올려도 좋아요.

자꾸만 손이 가는
머그 케이크
Mug cake

DINNER RECIPE 24

머그컵에 섞어만 주면 되니 너무 간단하고
아이들도 무척 신기해합니다.
아이들과 같이 만들어보세요.
단 것이 먹고 싶긴 한데 귀찮은 날, 아주 딱입니다.

준비할 것

1큰술=15ml

- □ 박력분 4큰술
- □ 설탕 4큰술
- □ 코코아 파우더 2큰술
- □ 달걀 2큰술
- □ 우유 3큰술
- □ 식용유 2큰술
- □ 바닐라액 약간
- □ 초콜릿 칩 2~3큰술(옵션)
- □ 슈거파우더 약간

만드는 법

1. 머그컵에 모든 재료를 넣고 반죽이 부드러워질 때까지 젓는다.
2. 전자레인지에 2분 30초 동안 돌린다.
3. 슈거파우더로 장식한다.

* 머그컵이 작으면 넘칠 수 있으니 접시 하나를 덧대고 요리하세요.
* 아이스크림과 함께 즐기면 더 좋아요.

Dinner Recipe

가장 기본적인 케이크
베이직 파운드케이크
Basic pound cake

부드러운 파운드케이크 레시피입니다.
기본적인 파운드케이크로, 과일과 함께내면
아침 식사로도 좋고 저녁 식사 후 달콤한 디저트로도 좋아요.
다양하게 응용해보세요.

준비할 것

1컵 = 240㎖

- □ 박력분 1½컵
- □ 설탕 ⅔컵
- □ 베이킹파우더 ⅔작은술
- □ 소금 ½작은술
- □ 우유 3큰술
- □ 달걀 3개
- □ 바닐라액 1½작은술
- □ 버터 13큰술

만드는 법

1. 박력분, 설탕, 베이킹파우더, 소금을 반죽기에 넣고 살짝 섞는다.
2. 작은 볼에 우유, 달걀, 바닐라액을 섞는다.
3. 마른 재료에 2의 절반과 실온의 버터를 넣고 마른 재료가 젖도록 살짝 섞는다.
4. 반죽기를 4~5단계로 놓고 정확히 1분 동안 휘핑한다.
5. 나머지 젖은 재료를 두 번으로 나누어 20초씩 휘핑한다.
6. 파운드 팬에 팬닝한 후 180℃로 예열한 오븐에 55~60분 굽는다.

당근을 싫어하는 아이들도 너무 좋아하는 당근 케이크입니다.
미국에서는 바나나 브레드 다음으로 많이 굽는 케이크이기도 하지요.
그만큼 맛도 좋고 만들기도 쉽지만 잘못하면 너무 퍽퍽한 케이크가 되기 쉬우니 주의하세요.

아이들이 가장 좋아하는
당근 케이크
Carrot cake

준비할 것

1컵=240㎖

- 중력분 2½컵
- 베이킹 소다 2작은술
- 시나몬 파우더 1작은술
- 소금 1작은술
- 올스파이스, 넛맥, 클로브 ¼작은술씩
- 큰 당근 2개(450g)
- 달걀 4개
- 설탕 1½컵
- 흑설탕 ½컵
- 식용유 1¼컵
- 건포도 ½컵
- 호두(또는 다진 피칸) ⅔컵

크림치즈 아이싱
- 실온의 크림치즈 85g
- 실온의 버터 ½컵
- 슈거파우더 1½컵
- 바닐라액 1작은술

만드는 법

1. 중력분, 베이킹 소다, 시나몬 파우더, 소금, 올스파이스, 넛맥, 클로브를 한꺼번에 섞는다.
2. 푸드 프로세서를 이용해 당근을 쌀알 크기로 잘게 간다.
3. 푸드 프로세서에 달걀, 설탕류를 넣고 곱게 갈아준 다음, 식용유를 조금씩 부어가면서 간다.
4. 큰 볼에 담은 후 1의 마른 가루류를 넣고 섞는다.
5. 갈은 당근, 건포도, 너트류를 넣고 섞는다.
6. 23×33㎝ 팬에 스프레이를 뿌리거나 버터를 살짝 발라준 후 반죽을 붓는다.
7. 180℃로 예열한 오븐에 50~60분 정도 굽는다.
8. 크림치즈 아이싱 재료를 큰 볼에 넣고 부드럽게 휘핑하고 케이크 위에 올린다.

* 올스파이스, 클로브, 넛맥이 없으면 시나몬 파우더만 사용해도 됩니다.
* 식용유 대신 포도씨 오일을 써도 됩니다. 냄새가 없는 기름을 사용하세요.
* 사용하는 팬의 사이즈에 따라 오븐에 굽는 시간을 조절해주세요.

서양대추인 데이트는 말랑한 캔디처럼 달콤한 맛이 특징이에요.
이 케이크는 크리스마스 때마다 시댁에서 굽는 케이크랍니다.
대대로 전해 내려오는 시댁의 보물 같은 레시피지요.
프루트케이크처럼 묵직하고 진한 맛이 아주 좋아요.

시어머니의 비밀 레시피
데이트 앤드 너트 케이크
Date and nut cake

준비할 것

1컵=240㎖

- 달걀 4개
- 설탕 1컵(½씩 나누어 준비)
- 실온의 버터 1컵
- 내린 커피 ½컵
- 다진 서양대추 1컵
- 다진 피칸 1컵
- 중력분 1+⅛컵
- 베이킹 소다 1작은술
- 베이킹파우더 1작은술
- 소금 ½작은술
- 바닐라액 2작은술

만드는 법

1. 다진 서양대추, 베이킹 소다, 내린 커피를 섞고 식힌 다음, 바닐라액을 넣고 섞어준다.
2. 버터와 설탕 ½컵을 크림화하고, 달걀노른자를 하나씩 넣어가며 크림화한 다음 1을 넣고 섞는다.
3. 달걀흰자에 설탕 ½컵을 나누어 넣어가며 단단한 머랭을 만든다.
4. 2에 머랭을 넣어 부드러운 반죽을 만든 후 중력분, 베이킹파우더, 소금을 체에 쳐서 넣고 살살 섞는다.
5. 다진 피칸도 넣고 섞는다.
6. 10in(약 25㎝) 튜브 팬에 스프레이를 뿌리거나 버터를 바른 후 반죽을 붓고 윗면을 정리한다.
7. 140℃로 예열한 오븐에 2시간 동안 굽는다.

* 서양대추 대신 건포도나 다른 건과일을, 피칸 대신 호두를 넣어도 좋아요.

호박 파이도 좋아하고 치즈 케이크도 좋아한다면 두 가지를 한꺼번에 구워보세요.
호박 파이 안에 숨은 치즈 케이크 필링이 깜짝 놀랄 만큼 맛있습니다.

Dinner Recipe

케이크와 파이를 한 번에
호박 치즈 케이크 파이
Pumpkin cheese cake pie

준비할 것

1컵 = 240㎖

□ 파이지 1장

치즈 케이크 필링
□ 크림치즈 240g
□ 설탕 ⅓컵
□ 달걀 1개
□ 바닐라액 1작은술

호박 파이 필링
□ 황설탕 ⅔컵
□ 소금 ½작은술
□ 생강가루 1작은술
□ 시나몬 파우더 1작은술
□ 넛맥가루 ½작은술
□ 올스파이스 ½작은술
□ 호박 퓌레 1캔(425g)
□ 생크림 1컵
□ 달걀 3개

만드는 법

1. 치즈 케이크 필링 재료를 모두 볼에 담아 부드럽게 휘핑한다.
2. 준비한 파이지에 붓는다.
3. 호박 파이 필링 재료를 모두 부드럽게 섞은 후 치즈 케이크 필링 위에 붓는다.
4. 200℃로 예열한 오븐에서 15분 정도 구운 후 온도를 180℃로 내려 40분 정도 더 굽는다.
5. 완전히 식은 후에 자른다.

---

* 크림치즈는 실온 상태로 사용하세요.
* 넛맥, 올스파이스는 생략해도 됩니다.
* 호박 퓌레는 호박 파이 믹스가 아닌 퓨어를 쓰세요.
* 호박 파이 필링을 너무 오래 휘핑하지 마세요. 어느 정도 섞이면 됩니다.
* 파이지 바닥이 잘 익도록 오븐 제일 밑단에서 구우세요.
* 파이지가 탈 수 있으니 색이 어느 정도 나면 은박지 링을 덮어주세요.
* 생크림을 휘핑해서 올리면 더욱 좋아요.

두근대는 가슴을 안고 처음 시댁을 방문했을 때 시어머님께서 직접 만들어주신 파이를 잊지 못합니다.
파이가 구워지는 동안 제 나이보다도 오래된 손때 묻은 레시피 카드들을 보여주시면서
이런저런 얘기들을 해주셨는데 지금은 제가 시어머니를 위해 굽고 있어요.
선물할 때마다 칭찬을 많이 듣는 레시피입니다.
시판용 파이와는 비교도 안 되는 정성 가득한 맛이랍니다.

Dinner Recipe

정성 가득한 맛
피칸 파이
Pecan pie

준비할 것

1컵=240㎖

☐ 파이지 1장

☐ 콘 시럽 1컵
☐ 흑설탕 1컵
☐ 소금 ½작은술
☐ 버터 5큰술
☐ 바닐라액 1작은술
☐ 달걀 3개
☐ 피칸 2컵

만드는 법

1. 피칸은 너무 잘지 않게 다진다.
2. 팬에 버터를 녹인다.
3. 버터 녹인 팬에 설탕, 소금을 넣고 설탕이 녹을 때까지 젓는다.
4. 달걀, 콘 시럽, 바닐라액을 섞어서 3에 넣는다.
5. 중간불로 윤기가 나도록 저어준다.
6. 불에서 내려 다진 피칸을 넣고 섞는다.
7. 준비한 파이지에 필링을 붓는다.
8. 180℃로 예열한 오븐에 40~50분 정도 굽는다.
9. 충분히 식힌 후 자른다.

* 피칸 대신 호두를 써도 됩니다.
* 오븐 불이 밑단에서 나온다면 제일 밑단에 구우세요. 파이지 바닥이 잘 익거든요.
* 파이지가 타지 않도록 20~25분 굽고 은박지를 살짝 덮어줘도 좋아요.
* 필링이 흐를 수 있으니 충분히 식힌 후에 잘라 드세요.
* 피칸은 다지지 않고 써도 상관없어요. 1컵 정도로 줄여도 됩니다.

파이지 반죽은 한꺼번에 만들어 냉동하거나 냉장해두면 편리합니다.
파이지 때문에 파이가 어렵다고 생각할 수도 있지만, 사실 알고 보면 참 간단합니다.
파이 팬의 사이즈에 따라 2~4장까지 만들 수 있는 레시피예요.

Dinner Recipe

파이지 만들기

준비할 것

- 중력분 2½컵
- 소금 1작은술
- 차가운 무염버터 1컵
- 물 5~8큰술

만드는 법

1 푸드 프로세서에 중력분과 소금을 한 번 돌린 다음, 차가운 버터를 조각내어 넣고 작은 콩알 크기가 되도록 돌린다.

2 차가운 물을 조금씩 넣으면서 반죽이 어느 정도 뭉쳐지게 한다.

3 반죽을 꺼내 2등분한 후 살짝 뭉쳐서 랩에 포장하고, 냉장고에서 20~30분 정도 휴지시킨다.

4 밀대로 밀어 반죽을 얇게 편다.

5 사이즈에 맞게 가장자리를 정리한다.

---

* 중력분 2컵과 아몬드 파우더 ½컵을 섞어 사용하면 더 고소한 파이지가 됩니다.
* 푸드 프로세서가 없으면 손으로 비벼도 됩니다.
* 물 대신 달걀 1개와 물 2큰술을 섞어 사용하면 좀 더 풍부한 맛의 파이지가 됩니다.
* 물(또는 물과 달걀 섞은 것)은 조금씩 넣어가면서 반죽하고, 반죽을 손으로 뭉쳐보았을 때 뭉쳐지면 물은 그만 넣으세요.
* 타르트지로 사용을 할 경우, 물 대신 달걀을 사용하고 설탕을 1큰술에서 ¼컵까지 조절하면 됩니다.
* 물에 식초 1큰술을 섞어서 사용하면 식초가 글루텐 형성을 방해하기 때문에 더 바삭한 파이지가 됩니다.
* 버터와 쇼트닝을 반씩 섞어 사용해도 바삭한 파이지가 됩니다.
* 반죽을 밀대로 밀 때 파이 팬의 깊이를 생각하면서 파이 팬보다 조금 크게 밀어주세요.
* 파이 팬에 팬닝하고 필링을 준비하는 동안 파이지는 냉장고에 넣어둡니다.

PART 5

특별한 날을 더욱 행복하게,
홀리데이 레시피

Holiday Recipe
_
홀리데이 레시피

SAUSAGE, EGG AND CHEESE BURRITO / ENGLISH MUFFIN SANDWICH / QUICHE / MEATBALL SPAGHETTI
TERIYAKI BURGER / MACARONI & CHEESE / STRAWBERRY ROLL CAKE / PANNA COTTA AL CARAMELLO
CAPRESE SANDWICH / TORTILLA PIZZA / PIGS IN A BLANKET / ROAST BEEF / SHRIMP DORIA
SEVEN-LAYER COOKIE / SNOWBALL COOKIE / STOLLEN / WINDMILL COOKIE
CHOCOLATE CHIP COOKIE / SUGAR COOKIE

주말의 특별한 아침 메뉴로도 좋고, 바쁜 아침에 간단히 먹기도 좋은 메뉴입니다.
소프트 토르티야 안에 스크램블드에그를 기본으로 채소나 소시지, 햄, 치즈 등
여러 가지 재료를 넣을 수 있어 주말에는 색다른 특별 메뉴가 되기도 한답니다.

든든한 주말 아침 메뉴
소시지, 달걀과 치즈 브리또
Sausage, egg and cheese burrito

준비할 것

1컵 = 240㎖

□ 소프트 토르티야 4장
□ 소시지 1컵
□ 달걀 4개
□ 체다 치즈 간 것 ½컵
□ 소금, 후추 약간씩

만드는 법

1 소시지를 작게 잘라 팬에 익혀 준비한다.
2 달걀에 소금, 후추를 넣고 풀어 스크램블드에그를 만든다.
3 달걀이 어느 정도 익으면 준비해 둔 소시지와 치즈를 얹는다.
4 치즈가 녹으면 4등분해서 전자레인지나 팬에 데운 소프트 토르티야에 넣어 말아준다.

* 감자나 벨페퍼, 양파를 볶아 넣어도 좋아요.
* 소시지 대신 햄을 넣어도 됩니다.
* 체다 치즈 대신 아메리칸 치즈 슬라이스를 넣어도 편해요.
* 살사소스를 곁들이면 맛이 더욱 좋아요.

시판 잉글리시 머핀 부럽지 않은 홈메이드 아침 식사입니다.
아이들이 아주 좋아하지요. 잉글리시 머핀도 홈메이드로 건강하게 만들어보세요!

우아한 아침을 위한
잉글리시 머핀 샌드위치
English muffin sandwich

준비할 것

1컵 = 240㎖

- ☐ 강력분 3컵
- ☐ 인스턴트 이스트 2작은술
- ☐ 설탕 1큰술
- ☐ 소금 1¼작은술
- ☐ 버터 1큰술
- ☐ 플랙시드 가루 2큰술
- ☐ 물 1컵(+½컵)
- ☐ 콘밀 약간

만드는 법

1. 제빵기에 버터를 제외한 모든 재료를 넣고 반죽한다.
2. 반죽이 어느 정도 뭉쳐지면 실온의 버터를 넣고 부드러운 반죽이 되도록 한다.
3. 볼에 담아 랩이나 젖은 수건을 씌우고 40분 동안 1차 발효한다.
4. 공기를 약간 빼주고 50g씩 분할하여 둥글린 후 랩이나 젖은 수건을 덮어 15분 동안 중간발효한다.
5. 반죽을 콘밀에 굴려준 후 잉글리시 머핀 링에 넣고 랩이나 젖은 수건을 덮어 30~40분 동안 2차 발효를 한다.
6. 팬을 위에 덧대고 220℃로 예열한 오븐에 12~13분 정도 굽는다.
7. 구워진 잉글리시 머핀을 반으로 갈라 구운 햄, 달걀프라이, 치즈를 올려준다.

* 따뜻한 물을 쓰되 1컵부터 반죽을 시작하세요. 물이 더 필요하면 1큰술씩 추가합니다.
* 잉글리시 머핀 링이 없으면 반죽 사이에 간격을 두고 팬닝하고, 2차 발효 후 위에 팬을 덧대고 구워도 됩니다.

시금치, 실파 등 다양한 재료가 들어간 프랑스식 파이, 키슈입니다.
한 조각에 채소의 영양이 가득한 착한 메뉴예요.
좋아하는 재료를 그때그때 바꿔 넣어보세요.

Holiday Recipe

영양 가득 건강한 파이
시금치 키슈
Quiche

준비할 것

1컵 = 240㎖

- 냉동 파이지 1장
- 허니 머스터드 1큰술
- 올리브오일 1큰술
- 데친 시금치 1컵
- 다진 햄 ½컵
- 다진 실파 ½컵
- 타임 ½작은술
- 중력분 ½컵
- 후추 ½작은술
- 넛맥 ½작은술
- 생크림 1컵
- 달걀 3개
- 스위스 또는 체다 치즈 1컵

만드는 법

1. 올리브오일을 두른 팬에 햄, 파, 시금치, 타임을 살짝 볶은 다음 안쪽에 허니 머스터드를 바른 파이지에 담는다.
2. 볼에 밀가루, 후추, 넛맥, 달걀, 생크림을 넣고 섞어준 후 1에 붓고, 갈아둔 치즈를 뿌린다.
3. 200℃로 예열한 오븐에 35분 정도 굽는다.

* 시금치뿐만 아니라 피망, 브로콜리 등 좋아하는 채소는 모두 사용할 수 있어요.
* 파이지 테두리가 타지 않도록 20분 정도 구운 후에 은박지로 감싸주세요. 불이 밑에서 나오는 오븐일 경우, 제일 밑단에 구워주면 파이지 바닥이 잘 익어요.
* 안에 들어가는 재료나 치즈의 종류는 좋아하는 것으로 응용할 수 있어요.

스파게티 하면 얼굴에 온통 스파게티 소스를 잔뜩 묻힌
아이의 모습이 떠올라서 저도 모르게 웃음이 지어집니다.
미국 엄마들이 제일 쉽고 편하게(물론 시판용 미트볼과 소스이긴 해도)
아이들에게 만들어주는 음식이기도 하고요.
홈메이드 미트볼과 소스로 아이들이 오랫동안 기억하는 엄마표 미트볼 스파게티를 만들어주세요.

Holiday Recipe

가장 간단하면서 인상적인
미트볼 스파게티
Meatball spaghetti

미트볼 만들기

준비할 것

1컵 = 240㎖

미트볼
- ☐ 소고기 간 것 500g
- ☐ 양파 ½개
- ☐ 브레드 크럼(빵가루) ⅓컵
- ☐ 다진 마늘 1큰술
- ☐ 달걀 1개
- ☐ 다진 파슬리 ⅓컵(말린 것은 1큰술)
- ☐ 올리브오일 2큰술
- ☐ 발사믹 비네거 1큰술
- ☐ 이탈리안 시즈닝 1½작은술
- ☐ 소금 1½작은술
- ☐ 후추 ½작은술
- ☐ 파르메산 치즈 ⅓컵

만드는 법

1. 미트볼 재료를 모두 볼에 담아 치대서 부드럽게 만든다.
2. 2~3큰술 정도의 크기로 동그랗게 빚는다(안에 치즈를 넣어도 좋다).
3. 200℃로 예열한 오븐에 20~25분 정도 굽는다.

* 다진 양파와 올리브오일을 전자레인지에 1분 정도 돌려 양파를 먼저 익힌 다음 미트볼반죽을 해도 좋아요.
* 사이즈를 같게 하기 위해 쿠키 스쿱을 사용하면 편리합니다.
* 오븐 대신 프라이팬에 미트볼을 노릇하게 구워도 됩니다.

미트볼 스파게티 만들기

준비할 것

□ 스파게티 면 1팩

토마토 소스
□ 올리브오일 2큰술
□ 다진 양파 ½개
□ 다진 마늘 1큰술
□ 레드페퍼 플레이크 ¼~½ 작은술
□ 통조림 토마토 1개(14온스)
□ 토마토 소스 통조림 1개(14온스)
□ 이탈리안 시즈닝 1큰술
□ 설탕 2작은술
□ 소금, 후추 ½작은술씩
□ 다진 바질 또는 파슬리 ½컵 (말린 것은 1큰술)
□ 파르메산 치즈가루 약간 (토핑용)

만드는 법

4 소스를 만든다. 먼저 마늘, 다진 양파, 레드페퍼 플레이크를 올리브오일에 볶는다.
5 통조림 토마토, 토마토 소스, 이탈리안 시즈닝, 설탕, 소금, 후추를 넣고 조금 끓인다.
6 미트볼을 소스에 넣고 다진 바질 또는 파슬리를 넣는다.
7 스파게티 면을 삶아 물기를 빼고 접시에 담는다. 소스와 미트볼을 얹은 후 파르메산 치즈를 약간 뿌린다.

Holiday Recipe

달콤한 데리야키 소스와 햄버거가 맛있게 어울리는 데리야키 버거.
건강하게 집에서 만들어보세요.
아이들이 "엄마 최고!"를 연발하게 될 거예요.

달콤한 소스가 어우러진
데리야키 버거
Teriyaki burger

햄버거 번 만들기

준비할 것

〈10~12개분〉
- 중력분 3컵
- 인스턴트 이스트 2작은술
- 설탕 2큰술
- 소금 1½작은술
- 실온의 버터 3큰술
- 물 ½컵
- 우유 ½컵

만드는 법

1. 버터를 제외한 빵 반죽 재료를 모두 제빵기에 넣고 반죽을 한다.
2. 반죽이 어느 정도 뭉쳐지면 실온의 버터를 넣고 부드러운 반죽이 될 때까지 반죽한다.
3. 볼에 담아 랩이나 젖은 수건을 씌우고 40~60분 정도 1차 발효를 한다.
4. 공기를 약간 빼준 후 55~65g 정도로 분할하여 둥글려준 후 랩이나 젖은 수건을 덮고 15~20분 휴지한다.
5. 조금 납작하게 눌러준 후 베이킹 팬에 팬닝한 다음, 랩이나 젖은 수건을 덮어 30~40분 2차 발효를 한다.
6. 180℃로 예열한 오븐에 12~15분 정도 굽는다.

* 잉글리시 머핀 링을 사용하면 모양이 더 잘 나옵니다.
* 달걀물을 바르고 토핑으로 깨를 뿌려도 좋아요.

햄버거 패티 만들기

준비할 것

1컵 = 240㎖

☐ 갈아둔 소고기 270g
☐ 갈아둔 돼지고기 130g
☐ 다진 양파 ½개
☐ 올리브오일 1큰술
☐ 소금 ½작은술
☐ 후추 ½작은술
☐ 빵가루 ½컵
☐ 달걀 1개

만드는 법

1 다진 양파와 올리브오일을 섞어 전자레인지에 2분 정도 돌린다.
2 큰 볼에 모든 재료를 섞어준 후 부드럽게 치댄다.
3 원하는 사이즈로 패티를 만든다.
4 올리브오일을 조금 두른 팬에 노릇하게 굽는다.

* 소고기만 사용해도 됩니다.
* 양파는 익혀서 넣어주는 것이 좋지만 그냥 다져 넣어도 됩니다.

Holiday Recipe

데리야키 소스 만들기

준비할 것

☐ 저염 간장 ½컵
☐ 쿠킹 와인(술) ½컵
☐ 미림 ½컵
☐ 설탕 ½컵
☐ 녹말물(녹말 2큰술+물 ½컵)

만드는 법

1. 모든 재료를 작은 팬에 담고 끓인다.
2. 물을 조금 넣어 간을 조절한다.
3. 녹말물로 농도를 조절한다.

* 녹말물은 조금씩 넣어가며 농도를 조절해주세요.
* 간은 물로 조절해주세요.

연유 마요네즈 만들기

☐ 마요네즈 ½컵
☐ 연유 ½컵

1. 마요네즈와 연유를 섞은 후 냉장고에 보관한다.

데리야키 버거 만들기

1. 햄버거 번을 반으로 자르고 양상추를 올려준다.
2. 햄버거 패티를 구워 데리야키 소스를 바른 후 올려준다.
3. 연유 마요네즈를 약간 올리고 샌드한다.

* 햄버거 번은 살짝 토스트해도 좋아요.
* 안에 들어가는 재료의 순서는 마음대로 넣어도 좋고 토마토나 피클, 양파 등 좋아하는 채소를 추가해도 됩니다.
* 연유 마요네즈는 햄버거 안에 넣어도 되지만 따로 담아줘도 좋아요.

마카로니&치즈 레시피는 사실 거의 비슷비슷해요.
간단하게 자주 만들어 먹는 홈메이드 마카로니&치즈 알려드릴게요.
기호에 따라 여러 가지로 응용해보세요.

Holiday Recipe

아이들에게 인기 만점
마카로니&치즈
Macaroni&Cheese

준비할 것

- 마카로니 2컵
- 버터 4큰술
- 중력분 4큰술
- 우유 2~3컵
- 드라이 머스터드 1작은술
- 잘게 썬 파프리카 ½작은술
- 체다 치즈 간 것 2컵
- 소금, 후추 ½작은술씩
- 빵가루 약간(토핑용)

만드는 법

1. 마카로니는 끓는 물에 8~10분 정도 삶는다.
2. 달군 팬에 버터를 녹인다.
3. 밀가루를 넣고 1분 동안 볶는다.
4. 우유를 넣고 끓인다.
5. 드라이 머스터드와 파프리카를 넣는다.
6. 체다 치즈를 넣고 걸쭉한 치즈 소스가 되도록 한다.
7. 삶은 마카로니를 넣고 버무린 다음 소금, 후추로 간한다.
8. 오븐용 그릇에 담고 빵가루를 뿌린다.
9. 200℃로 예열한 오븐에 20분 정도 굽는다.

* 베이컨을 볶아서 넣어도 되고, 브로콜리 삶은 것을 넣어도 좋아요.
* 우유는 2컵을 먼저 넣고 더 필요하면 나머지를 넣으세요.
* 오븐에 굽지 않고 그냥 먹어도 괜찮아요.

간단하게 만들 수 있는 롤케이크입니다.
여러 가지 과일을 응용해서 만들어보세요.
폭신한 케이크에 새콤한 딸기와 달콤한 생크림의 조화가 동화책 속 케이크를 닮았습니다.
모양도 예뻐서 더 기분 좋은 케이크예요.

Holiday Recipe

보기만 해도 반하는
스트로베리 롤케이크
Strawberry roll cake

준비할 것
-
- 달걀 3개
- 설탕 70g
- 박력분 40g
- 버터 25g
- 바닐라액 ½작은술

생크림 필링
- 생크림 240㎖
- 슈거파우더 2큰술
- 바닐라액 ½작은술

만드는 법

1. 흰자와 노른자를 분리해서 흰자를 큰 볼에 넣고 설탕을 세 번에 나누어 넣으면서 머랭을 만든다.
2. 머랭에 달걀노른자와 바닐라액을 넣고 1분 동안 휘핑한다.
3. 마른 재료들은 체에 쳐서 넣고 스패출러로 살살 섞는다.
4. 반죽에 버터 녹인 것을 조금 섞어 넣고 스패출러로 섞는다.
5. 유산지를 깐 30×30㎝ 팬에 반죽을 담고 잘 펴준다.
6. 180℃로 예열한 오븐에 8~10분 정도 구워준 후 식힌다.
7. 유산지를 위에 대고 뒤집는다. 다시 유산지를 대고 뒤집어준 후 생크림 휘핑한 것을 편다. 딸기를 올린 후 유산지를 들어 돌돌 말아준다.
8. 냉장고에 잠시 두었다가 자른다.

* 녹차나 초콜릿을 넣어 반죽할 때는 박력분 30g, 녹차가루나 코코아 가루 10~15g을 넣으세요.

달콤한 캐러멜이 더해져서 입안에 담는 순간 부드럽게 녹아내리는 판나코타예요.
생크림의 진한 맛과 캐러멜의 달콤한 맛이 판나코타를 더 특별하게 만들어줍니다.

달콤한 캐러멜과 진한 생크림의 만남
판나코타 알 카라멜로
Panna cotta al caramello

준비할 것

1컵 = 240㎖

캐러멜
- 설탕 ½컵
- 물 3큰술
- 레몬즙 ½작은술

판나코타
- 생크림 1컵
- 우유 1컵
- 설탕 ⅓컵
- 젤라틴 1팩(7g)
- 바닐라액 1작은술

만드는 법

1 캐러멜 재료를 모두 팬에 넣고 캐러멜 색이 날 때까지 끓인다.
2 캐러멜을 푸딩 컵에 나누어 담는다.
3 판나코타 재료를 모두 팬에 넣고 끓기 직전까지 데운다. 팬 안쪽 가장자리에 거품이 올라오면 불을 끈다.
4 체에 한 번 거른 후 푸딩 컵에 나누어 담는다.
5 냉장고에서 4시간 굳힌다.

* 판 젤라틴을 사용할 경우, 물에 불렸다가 데운 반죽에 넣고 저어주세요.
* 과일을 곁들이면 더 보기 좋아요.
* 푸딩 팬을 뜨거운 물에 살짝 담갔다가 꺼내면 잘 꺼내져요.

카프레제 샐러드를 빵에 넣어 샌드위치를 만들면 거뜬한 한 끼가 됩니다.
눈과 입이 동시에 즐거워지는 고급스러운 맛의 샌드위치를 맛보세요.

Holiday Recipe

오븐에 굽는 고급스러운 맛
카프레제 샌드위치
Caprese sandwich

준비할 것

- 이탈리안 빵(또는 바게트, 치아바타) 슬라이스 6장
- 토마토 슬라이스 6~12장
- 모차렐라 슬라이스 6장
- 바질 잎 6~12장
- 올리브오일 약간

만드는 법

1. 베이킹 시트에 유산지를 깔고 슬라이스한 빵을 올린 다음, 올리브오일을 바른다. 토마토 슬라이스, 모차렐라 순으로 빵 위에 올려준다.
2. 200℃로 예열한 오븐에 모차렐라 치즈가 노릇하게 익을 때까지 8~10분 정도 굽는다.
3. 오븐에서 꺼내 신선한 바질 잎을 올리고 올리브오일을 조금씩 뿌린다.

* 바게트 슬라이스를 사용하면 애피타이저로 좋아요.
* 신선한 바질은 빵과 토마토, 치즈를 먼저 오븐에 구운 후 올려주세요. 안 그러면 색이 까맣게 변합니다.
* 바질을 구하기 힘들다면 페스토를 발라서 구워도 좋아요.
* 치킨 슬라이스나 터키 슬라이스 등을 올려도 좋아요.
* 발사믹 소스를 뿌려 먹어도 맛있어요.

얇은 크러스트 피자를 좋아한다면 꼭 추천하고 싶은 레시피입니다.
바삭한 토르티야와 고소한 치즈가 잘 어울린답니다. 아이들도 좋아하고요.
피자 크러스트 대신 토르티야를 사용하니 칼로리도 조금 줄지 않을까요?

Holiday Recipe

간단하게 만드는 바삭한 피자
토르티야 피자
Tortilla pizza

준비할 것

- 토르티야 2장
- 피자 소스 적당량
- 모차렐라 치즈 적당량
- 페페로니 적당량
- 채소 적당량(청피망, 홍피망, 양파 등)

만드는 법

1 베이킹 시트에 토르티야를 놓고 올리브오일을 바른다.
2 피자 소스를 바르고 좋아하는 토핑을 올린다.
3 200℃로 예열한 오븐에 10~15분 동안 굽는다.

* 토핑은 좋아하는 것을 마음대로 올릴 수 있어요.
* 소스를 너무 많이 바르지 말고 토핑도 너무 많이 올리지 않아야 더 바삭한 피자를 즐길 수 있어요.

아이들이 정말 좋아하는 스낵이에요.
학교 행사나 피크닉이 있을 때 자주 굽는 편인데
항상 인기 만점이랍니다.
줄줄이 비엔나소시지를 사용하면 맛이 더욱 좋아요.
미국 소시지는 너무 짜서
한국의 비엔나소시지가 훨씬 잘 어울립니다.

특별한 핑거 푸드
피그 인 블랑켓
Pigs in a blanket

준비할 것

□ 퍼프 패스트리 1박스(파이지나 비스킷 도우도 가능)
□ 비엔나소시지 24~48개

달걀물
□ 달걀 1개
□ 우유 1큰술
□ 포피시드 약간(옵션)

만드는 법

1. 퍼프 패스트리는 실온에서 해동한 후 덧밀가루를 충분히 사용하여 펴준 다음, 한 장당 24개로 자른다.
2. 비엔나소시지를 퍼프 패스트리에 말아 베이킹 팬에 팬닝한다.
3. 달걀물을 바르고 포피시드를 살짝 뿌린다.
4. 200℃로 예열한 오븐에 15~20분 노릇하게 굽는다.

* 소시지는 너무 짤 수 있으니 끓는 물에 한 번 데쳐서 사용하세요.
* 케첩이랑 먹으면 더 맛있어요.

준비해서 오븐에 넣기만 하면 3시간 정도는 알아서 구워주니 편하고,
굽는 내내 집안에 맛있는 냄새가 퍼져 너무 좋아요. 맛도 물론 좋고요.
채소를 가득 넣어 구우면 다른 사이드 요리가 필요 없는 착한 레시피랍니다.

가족들과의 푸짐한 일요일 저녁

로스트비프

Roast beef

준비할 것

- □ 로스트용 덩어리 고기 3파운드(1kg 정도)
- □ 당근 2개
- □ 양파 1개
- □ 맥주 ½컵
- □ 오렌지주스 ½컵

스파이스 페이스트
- □ 설탕 1½작은술
- □ 베이 잎 1장
- □ 시나몬 파우더 1작은술
- □ 코리앤더 가루 1작은술
- □ 생강가루 1작은술
- □ 넛맥 가루 ½작은술
- □ 클로브 가루 ½작은술
- □ 다진 마늘 2쪽
- □ 사과식초 1½큰술
- □ 디종 머스터드 1½작은술
- □ 올리브오일 1½작은술
- □ 소금 1½작은술
- □ 후추 1 작은술

만드는 법

1. 스파이스 재료를 전부 푸드 프로세서에 넣고 갈아 페이스트를 만든다.
2. 오븐용 그릇에 고기를 담고 고기 덩어리에 스파이스 페이스트를 고루 바른 다음, 랩을 씌워 냉장고에 1시간 정도 둔다.
3. 맥주와 오렌지주스를 섞어 2에 붓는다.
4. 은박지를 씌우고 180℃로 예열한 오븐에 2시간 정도 굽는다.
5. 오븐에서 꺼내서 당근과 양파를 넣고 다시 은박지를 씌워 30분~1시간 정도 더 굽는다.
6. 은박지를 씌운 상태로 15분 정도 두었다가 얇게 썰어 익은 채소와 같이 담아낸다.

* 맥주 대신 치킨 브로스나 비프 브로스를 넣어도 됩니다.
* 채소는 당근, 샐러리, 양파, 양배추, 단호박 등 좋아하는 것으로 모두 넣어주세요.
* 굽는 시간은 고기를 익히는 정도에 따라 조절하세요. 온도계를 사용해서 55~60℃가 나오면 익은 겁니다. 3파운드짜리 고기는 2시간 반~3시간 정도가 적당합니다.
* 국물은 팬에 담아 끓여 졸이거나 녹말물을 사용해 걸쭉하게 만들어 그레이비 소스를 만들어보세요.

밥 위에 크림소스와 모차렐라 치즈를 넣으면
고소한 맛이 잘 어울리는 일품요리가 됩니다.
후후 불면서 늘어지는 치즈를 먹는 재미도 쏠쏠하답니다.
새우 외에도 치킨, 채소 등 여러 가지 재료로 응용해보세요.

찬밥의 우아한 변신
새우 도리아
Shrimp doria

준비할 것

1컵 = 240㎖

- 양파 ½개
- 토마토 1개
- 올리브오일 1큰술
- 케첩 ⅓컵
- 밥 3공기
- 소금, 후추 ⅓작은술씩

크림소스
- 버터 2큰술
- 양파 ½개
- 새우 18~20개 정도
- 화이트와인 2큰술
- 중력분 2큰술
- 우유 2컵
- 소금, 후추 약간씩

토핑
- 모차렐라 치즈 간 것 1컵
- 다진 파슬리 1큰술

만드는 법

1. 달군 프라이팬에 올리브오일을 두르고 다진 양파를 볶은 다음, 양파가 어느 정도 익으면 다진 토마토를 넣고 볶는다.
2. 큰 볼에 1과 밥, 케첩, 소금, 후추를 넣고 섞는다.
3. 오븐용 그릇에 나누어 담아둔다.
4. 버터를 녹인 팬에 양파를 볶은 후 새우와 와인을 넣고 살짝 볶아준다. 중력분을 넣고 1분 정도 볶다가 우유를 넣고 저으면서 끓인다.
5. 약간 걸쭉한 크림소스가 될 때까지 끓이고, 소금, 후추로 간한다.
6. 밥 위에 크림소스를 나누어 부어주고 모차렐라 치즈를 뿌린다. 파슬리도 약간 뿌려주면 좋다.
7. 200℃로 예열한 오븐에 치즈가 녹고 크림소스가 끓을 때까지 15~20분 굽는다.

* 화이트와인 대신 요리용 술을 넣어도 됩니다.
* 토핑용 치즈는 체다 치즈를 써도 좋아요.
* 핫소스를 약간 넣으면 어른들이 좋아해요.

크리스마스 때마다 또는 단 음식이 생각날 때마다 굽는 쿠키입니다.
처음에는 너무 달아서 한 조각만 먹어도 머리가 아플 정도였는데
지금은 미국 과자에 익숙해서인지 열 개도 먹겠더라고요.
코코넛을 싫어하는 우리 아이도 좋아하는 쿠키입니다.

커피와 어울리는 달콤함
세븐 레이어 쿠키
Seven-layer cookie

준비할 것

□ 그래햄 크래커 간 것 2컵
□ 버터 ¾컵
□ 초콜릿 칩 1컵
□ 버터스카치 1컵
□ 코코넛 채 1컵
□ 다진 피칸(또는 다진 호두) 1컵
□ 연유 1컵

만드는 법

1 그래햄 크래커는 지퍼백에 담아 롤링 팬으로 밀어서 가루를 낸다.
2 녹인 버터와 그래햄 크래커 가루를 섞는다.
3 9~10in(약 23~25cm) 팬에 유산지를 깔고 그래햄 크래커와 버터 섞은 것을 눌러 담는다.
4 초콜릿 칩, 버터스카치, 코코넛 채, 다진 피칸(호두)을 순서대로 펴서 담는다.
5 연유를 고루 뿌린다.
6 180℃로 예열한 오븐에 25분 굽는다.
7 식은 후에 자른다.

항상 크리스마스 때면 시어머니께서 멀리 사는 저희에게
크리스마스 쿠키를 구워서 보내주셨어요.
박스를 열자마자 아이들이 제일 먼저 집어 드는 쿠키랍니다.
고소하고 달콤한 맛이 입에서 사르르 녹아요.

화이트 크리스마스를 기다리는
스노우볼 쿠키
Snowball cookie

준비할 것

1컵=240㎖

- 피칸 ¾컵
- 실온의 버터 1컵
- 슈거파우더 ½컵
- 바닐라액 1작은술
- 소금 ½작은술
- 중력분 1+½컵

만드는 법

1 피칸은 180℃로 예열한 오븐에 8~10분 정도 구운 다음 식힌다.
2 피칸이 너무 가루가 되지 않을 정도의 상태로 간다.
3 버터와 슈거파우더를 크림화한 다음 바닐라액, 소금, 중력분, 갈아둔 피칸을 넣고 섞는다.
4 동그랗게 성형하여 팬닝한다.
5 180℃에서 12~15분 구워준 후 3분 정도 식힌 다음 따뜻할 때 슈거파우더를 묻힌다.

* 피칸 대신 호두를 써도 좋아요. 오븐에 구워서 갈면 더 고소하고 맛있습니다.
* 반죽을 성형할 때 아이스크림 스쿱을 사용하면 사이즈도 동일하고 편리해요.

크리스마스가 되면 꼭 구워야 할 것 같은 빵이죠.
독일에서는 미리 만들어놓고 일주일에 한 조각씩 먹으며 크리스마스를 기다린다고 합니다.
언제 만들어도 맛있는 달콤하고 건강한 빵이에요.

Holiday Recipe

크리스마스를 기다리는 마음
슈톨렌
Stollen

준비할 것

1컵 = 240㎖

- ☐ 중력분 3컵
- ☐ 인스턴트 이스트 2작은술
- ☐ 설탕 2큰술
- ☐ 시나몬 파우더 1작은술
- ☐ 소금 1작은술
- ☐ 버터 5큰술
- ☐ 달걀 1개
- ☐ 우유 ⅔컵
- ☐ 건과일 다진 것 2컵

만드는 법

1. 제빵기에 버터와 건과일을 제외한 모든 재료를 넣고 반죽한다.
2. 반죽이 어느 정도 뭉쳐지면 실온의 버터를 넣고 부드러운 상태가 될 때까지 반죽한다.
3. 건과일을 넣은 다음, 조금 치대고 반죽을 마무리한다.
4. 볼에 반죽을 넣고 랩이나 젖은 수건을 씌워 40~60분 정도 1차 발효한다.
5. 공기를 살짝 빼주고 반죽을 둥글린 다음 랩이나 젖은 수건을 씌워 15분 동안 중간발효한다.
6. 원하는 모양으로 성형한 후 랩이나 젖은 수건을 씌워 40분 동안 2차 발효를 한다.
7. 180℃로 예열한 오븐에 30~35분 굽는다.
8. 녹인 버터를 바르고 슈거파우더를 뿌린다.

* 우유는 따뜻하게 데워서 사용하고 반죽의 상태를 보면서 가감하세요.
* 살구, 건포도, 크랜베리, 블루베리, 체리, 자두, 무화과, 서양대추 등 좋아하는 건과일을 넣어보세요.
* 아몬드 페이스트나 아몬드 슬라이스를 필링으로 넣고 구워도 좋아요.

크리스마스 때마다 굽는 쿠키 중 하나로 항상 제일 먼저 동이 나는 쿠키예요.
과일 필링이 들어가서 더욱 고급스러운 맛이 나는 쿠키랍니다.
필링에 다른 재료를 사용하면 또 다른 매력적인 쿠키를 만들 수 있어요.

재미있는 모양의 맛있는 쿠키

바람개비 쿠키

Pinwheel cookie

준비할 것

1컵=240㎖

쿠키 반죽
- ☐ 실온의 버터 ½컵
- ☐ 설탕 ½컵
- ☐ 황설탕 ½컵
- ☐ 달걀 1개
- ☐ 바닐라액 1작은술
- ☐ 중력분 2컵
- ☐ 베이킹 소다 ½작은술
- ☐ 소금 ½작은술

필링
- ☐ 다진 서양대추 1컵
- ☐ 황설탕 ½컵
- ☐ 물 ½컵

만드는 법

1. 버터와 설탕을 크림화하고 달걀과 바닐라액을 넣고 휘핑한 다음, 마른 재료를 모두 넣어 부드러운 반죽을 만든다.
2. 랩에 싸서 냉장고에 30분~1시간 휴지시킨다.
3. 반죽을 휴지시키는 동안 필링 재료를 모두 팬에 넣고 졸여준 후 식힌다.
4. 반죽을 펴서 밀어준 후 필링을 펴주고 돌돌 말아준다.
5. 냉장고에 잠시 넣어두었다가 7~8㎜ 두께로 자른다.
6. 200℃로 예열한 오븐에 8분 정도 굽는다.

* 서양대추 대신 곶감을 써도 좋아요.
* 필링은 너무 질지 않도록 하고, 꼭 식힌 후에 사용하세요.

보통의 초콜릿 칩 쿠키도 맛있지만 이 레시피는
오트밀이 들어가서 고소하면서도 건강한 초콜릿 칩 쿠키입니다.
오트밀의 건강함은 요즘 한국에서도 주목받고 있지요.

밸런타인데이를 위한 쿠키
오트밀 초콜릿 칩 쿠키
Oatmeal chocolate chip cookie

준비할 것

1컵 = 240㎖

- □ 버터 1컵
- □ 백설탕 ⅔컵
- □ 황설탕 ⅔컵
- □ 달걀 2개
- □ 바닐라액 1작은술
- □ 오트밀 2½컵
- □ 중력분 2컵
- □ 소금 1작은술
- □ 베이킹파우더 1작은술
- □ 베이킹 소다 1작은술
- □ 초콜릿 칩 ⅔컵
- □ 초콜릿 칩 2컵

만드는 법

1. 푸드 프로세서나 믹서기에 오트밀을 간다.
2. 초콜릿 칩 ⅔컵도 곱게 간다.
3. 큰 볼에 오트밀 간 것, 밀가루, 베이킹파우더, 베이킹 소다, 소금을 섞어둔다.
4. 실온의 버터와 설탕류를 크림화한다.
5. 달걀을 하나씩 넣고 바닐라액도 넣어 휘핑한다.
6. 가루류를 넣고 살살 섞는다.
7. 초콜릿 칩 간 것과, 초콜릿 칩 2컵을 넣고 섞는다.
8. 원하는 사이즈로 팬닝하고, 납작하게 누른다(굽고 나서 눌러줘도 된다).
9. 190℃로 예열한 오븐에 12~15분 정도 굽는다.

* 초콜릿 칩은 밀크초콜릿이나 세미스위트를 사용하세요.
* 이 레시피는 설탕의 양을 보통의 초콜릿 칩 쿠키 레시피보다 조금 줄였습니다. 기호에 따라 양을 조절하세요.
* 다진 견과류를 1컵 정도 넣어도 좋아요.
* 반죽을 누를 때 유산지를 대고 손바닥으로 눌러주면 편합니다.

크랙이 예쁜 쿠키입니다.
바삭바삭한 식감이 재밌어서인지
아이들도 무척 좋아합니다.
우유 한 잔과 곁들이면 나른한 주말 오후에
힘을 주는 간식입니다.

입안에서 부드럽게 부서지는

슈거 쿠키
Sugar cookie

준비할 것

- □ 버터 ½컵
- □ 쇼트닝 ½컵
- □ 설탕 2컵
- □ 베이킹 소다 1작은술
- □ 주석산(타르타르산) 1작은술
- □ 소금 ½작은술
- □ 달걀노른자 3개
- □ 바닐라액 1작은술
- □ 중력분 1⅔컵

만드는 법

1. 버터, 쇼트닝, 설탕을 크림화한 다음 베이킹 소다, 주석산, 소금을 넣고 휘핑한다.
2. 달걀노른자와 바닐라액을 넣고 섞는다.
3. 중력분을 넣고 마른 가루가 보이지 않을 정도로 섞는다.
4. 1큰술씩 동그랗게 성형하여 150℃로 예열한 오븐에 20분 정도 굽는다.

* 쇼트닝 대신 버터를 사용해도 됩니다. 쇼트닝이 들어가면 조금 더 바삭해집니다.
* 설탕의 양은 조금 줄여도 됩니다.
* 버터와 달걀은 실온 상태로 사용하세요.
* 주석산 대신 레몬즙으로 대체해도 됩니다.
* 오븐에 구울 경우, 크랙이 생기고 가장자리가 약간 노릇하게 익으면 꺼내세요.

PART 6

사랑하는 아이의 날,
버스데이 레시피

Birthday Recipe

버스데이 레시피

BLUEBERRY POUND CAKE / BANANA SPONGE CAKE / BROWNIES / CINNAMON ROLL
ANGEL BISCUIT / CHOUX CHOUX CHOUX / RED VELVET CAKE / APPLE CAKE
CREAM CHEESE SUGAR COOKIE / FUDGE PIE / SWEET POTATO CREAM ROLL

기본적인 파운드케이크의 레시피에 아몬드 파우더가 들어가서
한층 고급스러운 맛이 나는 케이크입니다.
블루베리의 상큼함이 좋아서 특별한 날에는 꼭 만들어 보는 파운드케이크예요.
예쁜 틀에 구우면 더 맛있어 보입니다.

달콤새콤한 맛이 일품

블루베리 파운드케이크
Blueberry pound cake

준비할 것

- □ 버터 160g
- □ 설탕 150g
- □ 아몬드 파우더 40g
- □ 달걀 2개
- □ 바닐라액 1작은술
- □ 박력분 220g
- □ 베이킹파우더 1½작은술
- □ 소금 ¼작은술
- □ 생(또는 냉동) 블루베리 100g

만드는 법

1. 버터와 설탕을 크림화한 다음, 아몬드 파우더를 넣고 휘핑한다.
2. 달걀과 바닐라액을 섞어 3~4번으로 나누어 넣고 볼륨이 나도록 휘핑한다.
3. 박력분, 베이킹파우더, 소금을 체에 쳐서 넣고 섞어준 후 블루베리를 넣고 살살 섞는다.
4. 스프레이를 뿌린 팬에 반죽을 붓고, 160℃로 예열한 오븐에 40~50분 정도 굽는다.

* 버터와 달걀은 실온 상태로 사용하세요.
* 냉동 블루베리를 사용할 경우, 밀가루 옷을 살짝 입히면 반죽이 지저분해지지 않아요.

스펀지케이크처럼 폭신한 느낌이라서 아이는 물론 어른들도 좋아합니다.
아이싱도 데코도 필요 없이 꾸밈없는 맛이 일품입니다.
외면 당하는 검은 바나나가 있다면 만들어보세요.

폭신한 케이크 안에 바나나가 숨은
바나나 스펀지케이크
banana sponge cake

준비할 것

- □ 바나나 1~1개 반
- □ 설탕 100g
- □ 소금 ½작은술
- □ 달걀노른자 2개
- □ 포도씨 오일 60g
- □ 바닐라액 ½작은술
  (또는 바나나 향 조금)
- □ 박력분 150g
- □ 베이킹파우더 ½작은술
- □ 아몬드 슬라이스 30g

머랭

- □ 달걀흰자 2개
- □ 설탕 50g

만드는 법

1. 베이킹 팬에 스프레이를 뿌리거나 버터를 발라준 후 아몬드 슬라이스를 뿌려 준비해둔다.
2. 푸드 프로세서에 바나나, 설탕, 달걀노른자, 소금, 포도씨 오일, 바닐라액을 넣고 부드럽게 볼륨이 나도록 갈아준 후 큰 볼에 담는다.
3. 다른 볼에 흰자를 휘핑하고 설탕을 세 번 정도 나누어 넣어주며 단단한 머랭을 내준다.
4. 2에 머랭의 반을 넣고 살살 섞는다.
5. 4에 박력분과 베이킹파우더를 체에 쳐서 넣고 살살 섞는다.
6. 나머지 머랭을 넣고 섞어준 다음, 준비한 팬에 붓는다.
7. 180℃로 예열한 오븐에 20~30분 정도 굽는다.

* 포도씨 오일 대신 식용유나 버터 녹인 것을 사용해도 됩니다.
* 럼에 절인 건포도를 80g 정도 넣어줘도 좋아요.
* 가루류와 머랭을 섞을 때는 머랭이 꺼지지 않도록 스패출러로 살살 섞어주세요.

쫀득한 맛이 일품인 브라우니예요.
여러 가지 레시피로 구워봤지만 이 레시피가 가족들 입맛에 제일 잘 맞아서 주로 이용하지요.
굽는 시간을 잘 조절하면 더욱 쫀득한 브라우니를 드실 수 있답니다.

쫀득하고 달콤한
브라우니
Brownies

준비할 것

1컵 = 240㎖

- ☐ 초콜릿 200g
- ☐ 버터 ½컵
- ☐ 코코아 파우더 3큰술
- ☐ 설탕 1½컵
- ☐ 달걀 3개
- ☐ 바닐라액 2작은술
- ☐ 소금 ½작은술
- ☐ 중력분 1컵

만드는 법

1. 초콜릿, 버터, 코코아 파우더를 볼에 넣고 중탕으로 녹여 식힌다.
2. 달걀, 설탕, 바닐라액, 소금을 섞는다.
3. 1과 2를 섞는다.
4. 중력분을 체 쳐서 넣고 섞은 후 유산지를 깐 팬에 담는다.
5. 180℃로 예열한 오븐에 25~35분 정도 굽는다.

* 꼬치 테스트를 하여 반죽이 살짝 묻어나올 때 꺼내세요.
* 오버 믹싱하지 않도록 주의하세요.

빵 반죽이 귀찮은데 시나몬 롤은 먹고 싶은 날 만들어보세요.
빵처럼 폭신하지는 않지만 부드럽게 부서지는 비스킷과 시나몬 필링이 은근히 매력 있어요.
발효 시간도 따로 없어서 바쁜 아침에 얼른 만들어서 따뜻한 커피 한 잔과 먹으면 너무 맛있어요.

Birthday Recipe

비스킷 도우로 만드는
비스킷 도우 시나몬 롤
Cinnamon roll

준비할 것

 1컵=240㎖

비스킷 반죽
- 중력분 2컵
- 설탕 ⅓컵
- 베이킹파우더 1큰술
- 소금 ½작은술
- 생크림 1컵
- 바닐라액 1작은술

시나몬 필링
- 버터 녹인 것 2큰술
- 흑설탕 ⅔컵
- 시나몬 파우더 1½작은술
- 피칸이나 호두 다진 것 ½컵

아이싱
- 슈거파우더 ⅔컵
- 우유 2~3큰술
- 바닐라액 ½작은술

만드는 법

1. 푸드 프로세서에 생크림을 제외한 비스킷 재료를 모두 넣고 돌려준 후, 생크림을 조금씩 넣으면서 반죽한다.
2. 뭉쳐진 반죽은 꺼내서 손으로 약간 치댄 후, 밀대로 12×17in(약 30×43㎝)로 밀어준다.
3. 반죽에 버터 녹인 것을 펴 바르고 흑설탕, 시나몬 파우더, 다진 피칸을 섞은 필링을 펴준다.
4. 반죽을 돌돌 말고, 12등분으로 자른다.
5. 10in 팬에 팬닝하고 200℃로 예열한 오븐에 22~25분 굽는다.
6. 아이싱 재료를 모두 섞어 걸쭉한 아이싱을 만들고 한 김 식은 후 뿌린다.

* 비스킷 반죽의 생크림은 밀가루의 보관 상태에 따라 1컵보다 더 들어갈 수도 있어요. 반죽을 집어 봤을 때 뭉쳐지면 됩니다. 너무 질지 않게 조심하세요.
* 필링에 건과일 다진 것을 넣어도 좋아요.
* 머핀컵에 개인 사이즈로 구울 때는 시간을 조절해주세요.

이스트로 발효해서 구름처럼 폭신하고 부드러운 비스킷입니다.
갓 구운 따끈한 비스킷에 달콤한 잼을 발라 한입 베어 물면 참 행복합니다.

천사의 구름처럼 부드러운
엔젤 비스킷
Angel biscuit

준비할 것

1컵=240㎖

- ☐ 중력분 2½컵
- ☐ 설탕 2큰술
- ☐ 소금 ⅜작은술
- ☐ 베이킹파우더 2½작은술
- ☐ 베이킹 소다 ½작은술
- ☐ 쇼트닝 ¼컵
- ☐ 차가운 버터 ¼컵
- ☐ 인스턴트 이스트 2작은술
- ☐ 우유 1컵
- ☐ 버터 녹인 것 2큰술(토핑용)

만드는 법

1. 마른 재료를 체 치고 큰 볼에 섞는다.
2. 쇼트닝과 차가운 버터를 마른 재료에 넣는다.
3. 패스트리 블랜더나 손을 이용해 쇼트닝과 버터를 마른 재료와 섞는다.
4. 우유와 이스트를 섞어준 후 마른 재료에 넣고 반죽을 살짝 뭉쳐준다.
5. 덧밀가루를 뿌린 카운터에 반죽을 꺼내 2㎝ 두께로 밀어준다.
6. 비스킷 커터로 찍어 유산지를 깐 베이킹 팬에 간격을 두고 팬닝한다.
7. 랩을 씌우고 한 시간 동안 발효한다.
8. 녹인 버터를 발라준다.
9. 200℃로 예열한 오븐에 색을 보아가며 14~18분 정도 굽는다.

* 쇼트닝 대신 버터만 사용해도 되지만, 쇼트닝을 조금 섞어주면 더 볼륨감 있는 비스킷이 됩니다.
* 우유는 반드시 실온이거나 미지근한 것으로 사용하세요. 너무 따뜻하면 버터와 쇼트닝이 녹고, 너무 차가우면 이스트의 발효를 방해합니다.

생크림을 넣고 얼려 먹으면 생크림이 아이스크림처럼 부드럽게 녹아서 무척 맛있어요.
아이스크림을 발라 먹거나 커스터드크림을 넣어도 좋아요.
초콜릿 소스를 뿌려주면 럭셔리하기까지 하답니다.

입에서 사르르 녹는
슈슈슈
Choux choux choux

준비할 것

1컵 = 240㎖

- 버터 ½컵
- 물 ½컵
- 우유 ½컵
- 설탕 1작은술
- 소금 ½작은술
- 바닐라액 1작은술
- 중력분 1컵
- 달걀 4개

만드는 법

1 버터, 물, 우유, 설탕, 소금, 바닐라액을 냄비에 끓인다.
2 중력분을 넣고 반죽이 냄비에서 깨끗이 떨어져 덩어리가 지도록 나무주걱으로 저어준다.
3 불에서 내린 후 달걀을 조금씩 넣어가면서 휘핑기나 키친에이드 또는 나무주걱으로 휘핑한다.
4 윤기 나는 반죽이 되도록 한다.
5 좋아하는 깍지를 낀 짤주머니에 반죽을 넣고 팬에 짠다.
6 5에 물 스프레이를 뿌리고 210℃로 예열한 오븐에서 25~30분 굽는다.
7 식힌 후 생크림 필링을 짜 넣는다.

* 물 스프레이 대신 달걀물을 발라도 됩니다.
* 슈거파우더를 뿌리거나 초콜릿 시럽을 뿌려도 보기 좋아요.
* 슈슈슈는 굽는 동안에 오븐을 절대 열면 안 됩니다.

생크림 필링 만들기

- 생크림 1컵
- 바닐라액 ½작은술
- 슈거파우더 ½컵

1 재료를 전부 차가운 볼에 담아 단단하게 휘핑한다.
2 짤주머니에 넣고 슈 밑 부분에 찔러 필링을 짜서 채운다.

맛도 좋지만 화려한 빨간색이 눈에 확 들어와 맛을 더욱 궁금하게 만드는 케이크죠.
눈으로 먼저 먹는 케이크입니다. 화사한 케이크가 드시고 싶다면 구워보세요.
컵케이크로 구워도 좋아요.

화려한 색감이 매력적인
레드 벨벳 케이크
Red velvet cake

준비할 것

1컵 = 240㎖

- □ 버터 ¾컵
- □ 설탕 1½컵
- □ 달걀 2개
- □ 빨간색 색소 3큰술
- □ 바닐라액 2작은술
- □ 박력분 2½컵
- □ 코코아 파우더 ½컵
- □ 베이킹 소다 1작은술
- □ 소금 ½작은술
- □ 버터밀크 1컵

크림치즈 아이싱
- □ 크림치즈 3온스
- □ 실온의 버터 ½컵
- □ 슈거파우더 1½컵
- □ 바닐라액 1작은술

만드는 법

1. 버터와 설탕을 크림화한 다음, 달걀을 하나씩 넣고 섞는다.
2. 빨간색 색소와 바닐라액을 넣고 섞는다.
3. 박력분, 코코아 파우더, 베이킹 소다, 소금을 체에 쳐서 버터밀크와 번갈아 가면서 섞는다.
4. 9×13in(약 22×33㎝) 팬에 스프레이를 뿌리거나 유산지를 깔고 반죽을 붓는다.
5. 180℃로 예열한 오븐에 35~45분 정도 굽는다.
6. 크림치즈 아이싱 재료를 모두 섞어 휘핑하여 아이싱을 만든 후 케이크가 식으면 데코한다.

* 계량컵에 레몬즙이나 식초를 1큰술 넣고 우유를 부어 1컵을 만든 후 두면 걸쭉한 홈메이드 버터밀크가 됩니다.
* 버터, 달걀, 버터밀크는 꼭 실온의 것을 사용하세요.
* 레이어로 데코할 경우 아이싱은 두 배로 만드세요.

사과가 한창일 때 꿀이 잔뜩 든 달콤한 사과로 만들어보세요.
아이들부터 어른들까지 모두 좋아하는 케이크입니다.
가족들과 둘러앉아 달콤한 케이크 한 조각에 이야기를 나누면 따듯한 오후 시간이 되겠지요.

나른한 오후에 홍차와 함께
애플 케이크
Apple cake

준비할 것

 1컵=240ml

- ☐ 달걀 큰 것 3개
- ☐ 설탕 1컵
- ☐ 바닐라액 2작은술
- ☐ 식용유(카놀라유) 1컵
- ☐ 중력분 2컵
- ☐ 시나몬 파우더 1작은술
- ☐ 베이킹파우더 1작은술
- ☐ 소금 ½작은술
- ☐ 사과 큰 것 2개

만드는 법

1. 사과는 껍질을 벗기고 깍둑썰기한다.
2. 연한 미색을 띠고 볼륨이 나도록 달걀과 설탕을 휘핑한다.
3. 식용유와 바닐라액을 넣고 살짝 섞는다.
4. 마른 재료를 체에 한 번 쳐서 가루가 안 보일 정도로 살살 섞는다.
5. 사과도 넣고 살짝 섞는다.
6. 10in(약 25.5cm) 사각 팬에 스프레이를 뿌리거나 버터를 바른 후 반죽을 붓고 윗면을 정리한다.
7. 180℃로 예열한 오븐에서 45~50분 정도 굽는다.

* 사과는 너무 잘게 썰지 마세요. 다 구워진 후 어느 정도 씹히는 맛이 있어야 맛있답니다.
* 식용유 대신 버터 녹인 것을 사용할 수도 있어요. 식용유를 넣으면 식감이 더 가벼워집니다.
* 마른 재료를 섞을 때는 가루가 안 보일 정도로만 성글게 섞으세요.
* 머핀 팬에 구울 때는 시간을 20~25분 정도로 줄이세요.

아이들과 만들면 너무 즐거운 쿠키랍니다.
비록 스프링클 때문에 청소기를 몇 번이나 돌려야 하지만
아이들이 행복하게 만들고 맛있게 먹는 모습을 보면 그런 수고쯤은 아무것도 아니에요.
알록달록 보기에도 너무 예쁜 쿠키랍니다. 우유와 함께 맛있게 드세요.

Birthday Recipe

먹는 모습만 봐도 행복한
크림치즈 슈거 쿠키
Cream cheese sugar cookie

준비할 것

1컵 = 240㎖

- 중력분 3컵
- 베이킹파우더 1½작은술
- 베이킹 소다 ½작은술
- 소금 ¾작은술
- 버터 1컵
- 설탕 1½컵
- 크림치즈 ½컵
- 바닐라액 2작은술
- 달걀 1개
- 스프링클 적당량

만드는 법

1. 중력분, 베이킹 파우더, 베이킹 소다, 소금은 먼저 섞어둔다.
2. 버터, 크림치즈, 설탕을 크림화한다.
3. 달걀과 바닐라액을 넣고 볼륨이 나도록 휘핑한다.
4. 마른 재료를 넣고 섞는다.
5. 1큰술 정도의 사이즈로 반죽을 둥글린다.
6. 스프링클에 굴려 팬닝하고, 컵이나 납작한 스패출러로 눌러준다.
7. 190℃로 예열한 오븐에 8~10분 정도 굽는다.
8. 식힘망에 식힌다.

* 버터와 크림치즈, 달걀은 모두 실온 상태로 사용하세요.
* 머핀 팬에 스프링클을 여러 가지 담아 반죽을 둥글리면 편답니다.
* 반죽은 굽기 전에 눌러주어도 되고, 다 굽고 눌러주어도 됩니다.

진한 퍼지 파이 한 조각에 바닐라 아이스크림 한 스쿱을 곁들이면
달콤 쌉싸래한 퍼지 파이와 부드러운 바닐라 아이스크림의 환상적인 어울림이
행복한 디저트 타임을 보장합니다.

씁쓸한 맛이 더 매력적인
퍼지 파이
Fudge pie

준비할 것

□ 버터 ½컵
□ 황설탕 ⅔컵
□ 달걀 3개
□ 초콜릿 칩 340g
□ 인스턴트커피 2작은술
□ 바닐라액 1작은술
□ 중력분 ½컵
□ 호두 또는 피칸 다진 것 ½컵

□ 파이지 1장

만드는 법

1 실온의 버터와 황설탕을 크림화한다.
2 달걀을 하나씩 넣고 휘핑한 후 녹인 초콜릿 칩을 넣고 섞는다.
3 인스턴트커피, 바닐라액, 중력분을 넣고 섞는다.
4 다진 호두나 피칸을 넣고 섞는다.
5 준비한 파이지에 반죽을 붓는다.
6 190℃로 예열한 오븐에 35분 정도 굽는다.

* 버터와 달걀은 실온의 것을 사용하세요.
* 파이지는 5~8분 정도 프리베이크해서 사용해도 됩니다.
* 제일 밑단에 구우면 파이지 아래 부분이 눅눅해지지 않아요.

몸에 좋은 고구마크림 필링을 넣어 돌돌 말은 롤빵이에요.
달콤한 크럼이 더해져서 온가족이 좋아하는 간식이랍니다.
고구마의 맛있는 변신 기대해주세요.
어른들께 선물하기도 아주 좋습니다.

Birthday Recipe

어른들이 더 좋아하는
고구마크림 롤
Sweet potato cream roll

준비할 것

- 중력분 3컵
- 인스턴트 이스트 2작은술
- 설탕 2큰술
- 소금 1½작은술
- 실온의 버터 3큰술
- 물 ½컵
- 우유 ½컵
- 고구마크림 1~2컵
- 크럼블 적당량

만드는 법

1. 버터를 제외한 빵 반죽 재료를 제빵기에 넣고 반죽한다.
2. 반죽이 어느 정도 뭉쳐지면 실온의 버터를 넣고 부드러운 반죽이 될 때까지 반죽한다.
3. 볼에 담아 랩이나 젖은 수건을 씌우고 40~60분 정도 1차 발효한다.
4. 공기를 약간 뺀 후 둥글려 랩이나 젖은 수건을 덮고 15~20분 휴지한다.
5. 30×30㎝의 정사각형으로 밀어준 후 고구마크림을 펴준다.
6. 9~12등분으로 잘라서 팬닝한 후 랩이나 젖은 수건을 덮고 30~40분 정도 2차 발효한다.
7. 크럼블을 고루 뿌린 후 180℃로 예열한 오븐에서 25~30분 정도 굽는다.

---

* 빵 반죽을 할 때 밀가루의 양은 3컵으로 시작하고, 질기를 봐가면서 1큰술씩 추가하세요.

고구마크림 만들기

준비할 것
-
- ☐ 고구마 큰 것 1개(300g)
- ☐ 물 1큰술
- ☐ 설탕 3큰술
- ☐ 버터 3큰술
- ☐ 생크림 5큰술

만드는 법
-
1. 고구마는 껍질을 벗겨 잘게 썰어 볼에 넣는다.
2. 물 1큰술을 넣어준 후, 랩을 씌워 전자레인지에 6분 정도 돌린다.
3. 고구마가 부드럽게 익으면 으깨고 설탕, 버터, 생크림을 넣어 부드러운 페이스트를 만들어 식힌다.

크럼블 만들기

- ☐ 중력분 ½컵
- ☐ 차가운 버터 3큰술
- ☐ 설탕 3큰술

1. 버터는 작게 자른 후 모든 재료를 볼에 담아 손으로 비벼 작은 크럼블을 만든다.
2. 모든 재료를 푸드 프로세서에 넣고 돌려주면 쉽게 만들 수 있다.

---

* 고구마크림의 질기를 봐가면서 생크림의 양을 조금 조절해주세요.
* 크럼블은 많이 만들어 두었다가 파이나 케이크, 빵 등에 사용하면 편리해요.

Birthday Recipe

PART 7

즐거운 초록의 계절을 위한,
피크닉 레시피

Picnic Recipe

—

피크닉 레시피

EGG SALAD SANDWICH / TUNA SANDWICH / CHOCOLATE CHIP COOKIE
BLACK MAGIC CUPCAKE / CHOCOLATE MADELEINE / PUMPKIN BAR

부드러운 에그 샐러드가 빵 안에 가득한,
한 입 베어 물면 부드럽게 녹는 샌드위치를 소개할게요.
만들기도 쉽고 영양도 풍부해서
자주 찾게 되는 메뉴랍니다.

샌드위치의 기본
에그 샐러드 샌드위치
Egg salad sandwich

준비할 것
-
- ☐ 식빵 2개
- ☐ 삶은 달걀 2개
- ☐ 파슬리 다진 것 1작은술
- ☐ 마요네즈 1~2큰술
- ☐ 설탕 약간
- ☐ 소금, 후추 약간씩

만드는 법
-
1. 삶은 달걀은 볼에 담고 포크로 으깬다.
2. 나머지 재료를 넣고 부드럽게 섞는다. 마요네즈의 양은 봐가면서 조절한다.
3. 식빵 안쪽에 버터를 바른다.
4. 식빵 사이에 에그 샐러드를 두툼하게 넣는다.

만들기도 간단하고 영양이 가득해서 참 고마운 참치 샌드위치.
만드는 방법은 다양하지만 오래전에 엄마가 만들어주던
클래식한 레시피가 제일 맛있는 듯해요.
좋아하는 채소를 곁들여 건강하게 드세요.

Picnic Recipe

담백하고 영양 가득한
참치 샌드위치
Tuna sandwich

준비할 것

1컵 = 240㎖

- ☐ 식빵 4~6개
- ☐ 참치 통조림 3개
- ☐ 다진 양파 ½컵
- ☐ 다진 샐러리 ½컵
- ☐ 설탕 ½작은술
- ☐ 마요네즈 ½~⅔컵
- ☐ 소금 약간
- ☐ 후추 약간

만드는 법

1. 참치는 꼭 짜서 기름과 물기를 제거한다.
2. 볼에 담고 다진 양파, 다진 샐러리, 설탕, 마요네즈, 소금, 후추를 넣고 부드럽게 버무린다.
3. 식빵 안쪽에 버터를 바르고 양상추를 올린 후 참치 샐러드를 적당량 펴준 후 샌드한다.

* 마요네즈는 ½컵부터 넣고 봐가면서 더 추가해주세요.
* 설탕은 생략해도 됩니다.
* 양상추뿐만 아니라 토마토, 오이, 스위트 피클 등 좋아하는 채소를 같이 넣어 샌드위치를 만들어도 맛있어요.
* 치즈를 넣어도 좋아요.

유명 베이커리의 초콜릿 칩 쿠키와 비교도 안 될 만큼 맛있는 초콜릿 칩 쿠키입니다.
한꺼번에 반죽해서 냉동해두었다가 생각날 때마다 잘라서 구워먹으면 아주 좋아요.

Picnic Recipe

언제나 즐겨 먹는 대표 쿠키
초콜릿 칩 쿠키
Chocolate chip cookie

준비할 것

1컵 = 240㎖

- □ 중력분 3컵
- □ 베이킹 소다 ½작은술
- □ 소금 ½작은술
- □ 버터 1컵
- □ 설탕 1컵
- □ 황설탕 ⅔컵
- □ 달걀 2개
- □ 바닐라액 1작은술
- □ 초콜릿 칩 2컵

만드는 법

1. 버터와 설탕류를 크림화한 다음, 달걀을 하나씩 넣고 휘핑한 후 바닐라액을 넣고 휘핑한다.
2. 중력분, 베이킹 소다, 소금을 체에 쳐서 넣고 섞는다.
3. 초콜릿 칩도 넣고 반죽을 뭉친다.
4. 반죽을 2~4등분해서 길게 모양을 잡은 후 유산지에 싸서 냉동고에 반죽이 굳도록 넣어둔다.
5. 7~8㎜ 두께로 잘라 팬닝한다.
6. 190℃로 예열한 오븐에 12~14분 정도 굽는다.

* 1큰술의 크기로 드롭 쿠키처럼 구워도 됩니다.
* 말린 체리나 크랜베리를 1컵 정도 넣어도 좋아요.

복잡한 과정 없이 한 번에 섞어 굽기만 하면 되는,
홈베이킹다운 간단한 레시피입니다.
만들기 쉽고 꾸밈없이 소박한 맛이 매력이에요.

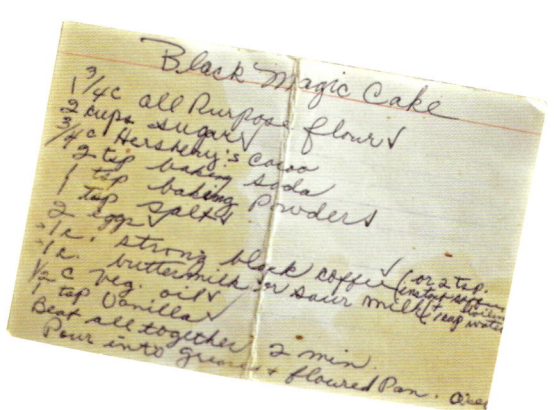

Picnic Recipe

어린이날에 구워주고 싶은
블랙 매직 컵케이크
Black magic cupcake

준비할 것

1컵 = 240㎖

□ 중력분 1¾컵
□ 설탕 2컵
□ 코코아 파우더 ¾컵
□ 베이킹 소다 2작은술
□ 베이킹파우더 1작은술
□ 소금 1작은술
□ 달걀 2개
□ 내린 커피(식은 것) 1컵
□ 버터밀크 1컵
□ 식용유 ½컵
□ 바닐라액 2작은술

만드는 법

1 가루류는 모두 체에 친다.
2 모든 재료를 큰 볼에 넣고 2분 동안 휘핑한다.
3 컵케이크 팬에 팬닝하고 180℃로 예열한 오븐에 15~20분 굽는다.
4 좋아하는 아이싱으로 데코한다.

★ 9×13in(약 22×33㎝) 팬에 구울 때는 35~40분,
  두 개의 9in(약 22㎝) 케이크 팬에 구울 때는 30~35분 구우세요.
★ 에스프레소가 없으면 끓인 물과 인스턴트커피 2작은술을 섞어
  식힌 후 사용하세요.
★ 계량컵에 식초 또는 레몬즙 1큰술과 우유를 섞어 1컵이 되도록
  한 후 잠시 놔두면 걸쭉한 버터밀크가 됩니다.
★ 식용유 대신 포도씨 오일나 다른 냄새가 없는 오일을 써도 되고,
  버터를 녹인 다음, 식혀 사용해도 됩니다.
★ 초콜릿 생크림 아이싱이나 크림치즈 아이싱과도 잘 어울려요.

초콜릿 생크림 아이싱 만들기

□ 생크림 1컵
□ 코코아 파우더 1½큰술
□ 슈거파우더 ⅓컵
□ 바닐라액 ½작은술

1 모두 섞어 단단하게 휘핑하여 사용한다.

오후에 차 한 잔이나 커피 한 잔과 잘 어울리는 과자입니다.
파운드보다 폭신한 케이크에 더 가까운 마들렌입니다.
아이들 간식으로도 아주 좋아요.

오후의 홍차와 함께하는
초콜릿 마들렌
Chocolate madeleine

준비할 것

 1컵=240㎖

- ☐ 박력분 체에 친 것 1컵
- ☐ 버터 ½컵
- ☐ 설탕 ½컵
- ☐ 달걀 3개
- ☐ 꿀 1큰술
- ☐ 바닐라액 1작은술
- ☐ 코코아 파우더 ½컵
- ☐ 아몬드 파우더 ½컵
- ☐ 베이킹파우더 ½작은술
- ☐ 소금 ½작은술

만드는 법

1. 박력분, 코코아 파우더, 아몬드 파우더, 설탕, 베이킹파우더, 소금을 볼에 섞는다.
2. 달걀, 꿀, 바닐라액을 섞고, 1에 넣고 섞는다.
3. 녹인 버터를 넣고 윤기 나는 반죽이 되도록 스패출러로 섞는다.
4. 오븐이 예열되는 동안 랩을 씌워 반죽이 약간 굳도록 냉장고에 둔다.
5. 버터를 바르고 밀가루(또는 코코아 파우더)를 뿌린 마들렌 팬에 쿠키 스쿱을 이용해서 팬닝한다.
6. 180℃로 예열한 오븐에 16분 동안 굽는다.

* 박력분은 체에 한 번 친 후 계량하세요. 1컵에 100g 정도 나옵니다.
* 달걀은 중간 사이즈일 때 3개가 들어가지만 큰 것이면 2개 반이면 됩니다.
* 버터는 작게 잘라 전자레인지에 20~30초 돌려서 녹이면 편해요.
* 쿠키 스쿱 대신 짤주머니를 사용해도 됩니다.
* 반죽은 냉장고에 넣지 않아도 되지만 반죽이 약간 굳으면 스쿱을 사용할 때 더 수월합니다.

다른 펌킨 케이크나 바처럼 맛이 강하지 않고
은은해서 부드럽고 촉촉하답니다.
호박 퓌레를 구하기 힘들다면 이 레시피를 기본으로 단호박 퓌레나
고구마 퓌레를 만들면 더 구수하고 달콤한 케이크가 될 거예요.

Picnic Recipe

은은하고 촉촉한 맛
펌킨 바
Pumpkin bar

준비할 것

- □ 중력분 1½컵
- □ 베이킹파우더 1½작은술
- □ 베이킹 소다 1작은술
- □ 시나몬 파우더 1½작은술
- □ 소금 ½작은술
- □ 호박 퓌레 1⅔컵
- □ 설탕 1컵
- □ 포도씨 오일(또는 식용유) ⅞컵
- □ 달걀 3개
- □ 다진 피칸이나 호두 ⅔컵 (옵션)

만드는 법

1. 마른 재료는 작은 볼에 담아 섞어둔다.
2. 큰 볼에 호박 퓌레, 설탕, 오일, 달걀을 모두 넣고 3분 정도 볼륨이 나도록 휘핑한다.
3. 마른 가루를 체 쳐서 넣고, 스패출러로 살살 섞는다.
4. 13×9in 팬에 오일 스프레이를 뿌리거나 버터를 바른 후 반죽을 부어 펴준다.
5. 180℃로 예열한 오븐에서 25~30분 정도 굽는다.

* 호박 퓌레를 구하기 힘들 경우, 단호박이나 고구마 퓌레를 사용하세요.
* 다진 피칸이나 호두는 오븐 또는 프라이팬에 토스트한 다음 넣으면 더 고소합니다.
* 남은 소보로나 크럼이 있으면 반죽 위에 뿌리고 구워도 아주 맛있어요.
* 기호에 따라 크림치즈 아이싱을 올리거나 슈거파우더를 뿌려도 좋아요.

요리할 때 꼭 알아야 할
쿠킹 팁

Cooking Tip

달걀을 완벽하게 삶는 방법 / 양상추를 오래 보관하는 방법 / 차가운 버터를 빨리 실온으로 만드는 방법
요리를 더 맛있게 만드는 레몬절임 / 남은 매시드 포테이토를 팬케이크로 활용하기
파이를 구울 때, 가장자리가 타지 않도록 은박지 씌우는 방법 / 스테인리스 가전제품 청소하기

달걀을 완벽하게 삶는 방법

1. 달걀을 냄비에 담고 찬물을 달걀 위 2cm 정도 올라오도록 넉넉하게 붓는다. 개수에 상관없이 찬물이 2cm 위로 올라오면 된다.
2. 강한 불에서 끓을 때까지 둔다.
3. 물이 끓으면 불을 끄고 뚜껑을 덮어 10분 동안 가만히 둔다.
3. 기다리는 동안 얼음물을 준비하고 10분 후 달걀을 꺼내 얼음물에 5분 동안 담근다.
4. 꺼낸 달걀을 굴려서 껍질을 느슨하게 한 후 계란의 뭉툭한 부분부터 껍질을 벗긴다.

달걀을 삶는 일은 요리를 할 때 자주 하지만
결코 쉬운 일은 아니에요.
어떨 때는 너무 삶아서 퍽퍽하고
어떨 때는 반숙이 되어 요리에 쓰기가 힘들지요.
그래서 달걀을 부드럽고 맛있게 삶는 방법을
소개합니다.

양상추를 오래 보관하는 방법

양상추나 로메인 상추 등은 냉장고에 넣어두면 금방 누렇게 색이 변해요.
빨리 먹으면 좋지만 이것저것 다른 일에 신경을 쓰다 보면 잊어버려서 잘 관리하기 힘들지요.
그래서 양상추를 2주 정도 보관이 가능한 좋은 방법을 소개합니다. 이탈리안 파슬리, 타임, 로즈마리, 민트, 실란트로 같은 허브 종류도 이렇게 보관하면 더 오래 보관할 수 있지만, 바질은 금방 검게 변하니 빨리 쓰거나 페스토로 만들어 냉동해두면 좋습니다.

1. 상추를 깨끗이 씻고 털어서 물기를 제거한다.
2. 페이퍼타월을 쫙 편 다음, 물기를 제거한 상추를 올리고 돌돌 만다.
3. 지퍼백에 페이퍼타월에 만 상추를 넣고 공기를 빼고 봉한다.
4. 상추를 꺼내 쓰고 남은 상추를 다시 보관할 때 젖은 페이퍼타월을 새것으로 감아주면 좋다.

차가운 버터를 빨리 실온으로 만드는 방법

쿠키나 파운드케이크는 버터를 실온 상태에서 써야 합니다. 날씨에 따라 겨울에는 몇 시간 꺼내두어야 하고 여름에는 한두 시간 꺼내두어야 하지요. 하지만 깜빡깜빡 잊어버리기 일쑤고 금방 음식을 만들어야 할 때를 위한 방법입니다. 가끔 찬 버터를 전자레인지에 돌리는 분들도 계신데 그렇게 돌리면 버터가 다 녹아 버립니다. 앞으로는 이 방법을 써 보세요.

1. 왁스페이퍼나 유산지, 밀대를 준비한다.
2. 2장의 유산지 사이에 버터를 넣고 밀대로 꾹꾹 누르며 납작하게 민다.
3. 잘 밀린 버터를 스패출러로 긁어서 볼에 넣고 사용한다.

요리를 더 맛있게 만드는 레몬절임

1컵 = 240㎖

☐ 레몬 10개
☐ 소금 ½컵

1. 레몬절임을 담을 유리병은 끓는 물을 부어 소독을 한다.
2. 흐르는 물에 레몬을 씻는다.
3. 유리병에 소금 2큰술을 넣는다.
4. 레몬에 십자로 칼집을 낸다.
5. 칼집 안쪽으로 소금을 1~2작은술 넣고, 손으로 꽉 쥐어 오므려준 후 병에 눌러 담는다.
6. 레몬 2개분의 즙을 내서 붓는다.
7. 뚜껑을 닫기 전에 소금 2큰술을 위에 넣는다.
8. 실온에 하루 동안 보관한 후 병을 흔들어 소금이 고루 섞이게 한다. 냉장고에 넣어 3주 이상 숙성한 후 사용한다.

디너와 베이킹, 음료를 만들 때 두루두루 쓰이는 레몬절임을 만드는 방법입니다. 생각보다 간단하고 요리에 감칠맛을 더해줍니다. 레몬이 많이 나올 때 만들어서 다양하게 사용하세요. 오랫동안 보관이 가능하고 시간이 지날수록 숙성되어 더 맛있어요.

❺ ❻ ❽

* 레몬은 식초를 조금 섞은 물에 씻어주면 좋아요.
* 사용할 때는 병에서 꺼내어 흐르는 물에 소금기를 완전히 제거한 후 쓰세요.
* 냉장고에서 6개월 이상 두고 사용이 가능합니다.

남은 매시드 포테이토를 팬케이크로 활용하기

항상 넉넉하게 만들어 남기기가 일쑤인 매시드 포테이토를 활용하는 방법입니다. 고기 요리와 함께 사이드로 먹어도 좋고 달걀 요리와 함께 아침 식사로 먹어도 무척 맛있어요. 안은 촉촉하고 겉은 바삭한, 고소한 팬케이크입니다.

☐ 남은 매시드 포테이토 2컵
☐ 달걀 1개
☐ 파르메산 치즈가루 $\frac{1}{4}$컵
☐ 올리브오일 약간
☐ 사워크림 약간

1 매시드포테이토, 달걀, 치즈가루를 모두 섞어 올리브오일에 노릇하게 굽는다.
2 사워크림과 내놓는다.

파이를 구울 때, 가장자리가 타지 않도록 은박지 씌우는 방법

파이를 구울 때, 오븐의 온도 조절이 쉽지 않아서 가장자리가 잘 타기 쉽습니다.
그래서 은박지를 씌워서 사용하면 잘 타지 않고 예쁜 파이가 나온답니다.

1. 은박지, 가위, 파이를 구울 팬이나 그릇을 준비한다.
2. 은박지를 파이 팬에 씌워서 크기를 잰다.
3. 대각선으로 접고 다시 반으로 접어서 삼등분해서 접는다.
4. 팬의 사이즈에서 안쪽으로 2~3cm 남기고 자른다.
5. 파이를 구울 때 씌워서 굽다가 마지막 20분 정도를 남기고 벗긴다.

스테인리스 가전제품 청소하기

스테인리스 가전제품은
보기에는 깔끔하고 멋스럽지만
손자국도 잘나고 금방 더러워집니다.
비싼 전용스프레이를 사서 써보아도
깨끗이 닦이지도 않고
오히려 닦는 방향대로 자국만 남아요.
그래서 여러 시행착오 끝에 깨끗하게
청소를 할 수 있는 방법을 겨우 발견했답니다.
자국도 안 남고 언제나 새것 같은
가전제품을 사용할 수 있어요.

1 따뜻한 물에 주방세제를 풀어서 수건에 적신 후 물기를 제거한다.
2 한 방향으로 닦아준다.

엄마는 아메리칸 스타일

초판 1쇄 발행 2012년 1월 20일
초판 11쇄 발행 2024년 3월 25일

지은이 정윤정

발행인 이봉주 **단행본사업본부장** 신동해
디자인 정해진(www.onmypaper.com) **교정·교열** 장지은 **일러스트** 김미지
마케팅 최혜진 신예은 **홍보** 반여진 허지호 정지연 송임선 **제작** 정석훈

브랜드 웅진리빙하우스
주소 경기도 파주시 회동길 20
문의전화 031-956-7357(편집) 031-956-7087(마케팅)
홈페이지 www.wjbooks.co.kr
인스타그램 www.instagram.com/woongjin_readers
페이스북 www.facebook.com/woongjinreaders
블로그 blog.naver.com/wj_booking

발행처 ㈜웅진씽크빅
출판신고 1980년 3월 29일 제406-2007-000046호

ⓒ 정윤정, 2012
ISBN 978-89-01-14061-2 13590

웅진리빙하우스는 ㈜웅진씽크빅 단행본사업본부의 브랜드입니다.
이 책은 저작권법에 의해 한국 내에서 보호를 받는 저작물이므로 무단전재와 무단복제를 금합니다.
이 책 내용의 전부 또는 일부를 이용하려면 반드시 저작권자와 ㈜웅진씽크빅의 서면 동의를 받아야 합니다.

※ 책값은 뒤표지에 있습니다.
※ 잘못된 책은 구입하신 곳에서 바꿔드립니다.